城市轨道交通设施安全监控技术手册

姜叶翔 丁 智 苏凤阳 胡 琦 主编

中国建筑工业出版社

图书在版编目（CIP）数据

城市轨道交通设施安全监控技术手册/姜叶翔等主编. —北京：中国建筑工业出版社，2022.11
ISBN 978-7-112-27919-7

Ⅰ.①城⋯ Ⅱ.①姜⋯ Ⅲ.①城市铁路-轨道交通-交通设施-交通监控系统-技术手册 Ⅳ.①U239.5-62

中国版本图书馆CIP数据核字（2022）第167672号

本书详细介绍了城市轨道交通设施安全监测技术，并对典型建设案例进行深度分析，全书共7章内容包括：绪论；城市轨道交通保护区监测等级划分及管理模式；城市轨道交通保护区内变形控制指标及监测项目选用指南；城市轨道交通保护区监测项目作业；城市轨道交通保护区内病害调查及记录流程；轨道交通保护新型监控技术及应用；典型监测案例分析。内容充实，指导性强，可为从业人员提供一个清晰的城市轨道交通保护区监测项目的监测工作流程思路。帮助从业人员更加安全、更加高效、更加完善地统筹推进城市轨道交通保护监测项目。

责任编辑：张伯熙
文字编辑：沈文帅
责任校对：董　楠

城市轨道交通设施安全监控技术手册

姜叶翔　丁　智　苏凤阳　胡　琦　主编

*

中国建筑工业出版社出版、发行（北京海淀三里河路9号）
各地新华书店、建筑书店经销
北京科地亚盟排版公司制版
北京市密东印刷有限公司印刷

*

开本：787毫米×1092毫米　1/16　印张：11¾　字数：287千字
2023年3月第一版　　2023年3月第一次印刷
定价：60.00元
ISBN 978-7-112-27919-7
（39745）

版权所有　翻印必究
如有印装质量问题，可寄本社图书出版中心退换
（邮政编码 100037）

编写委员会

主　　编：姜叶翔　丁　智　苏凤阳　胡　琦
副 主 编：牟彬辉　胡雷鸣　刘文杰　赵志元　黄　信
　　　　　储征伟　吴　勇
参编人员：周贻洋　张　俊　吴敏慧　都亚茹　翁羽晖
　　　　　陈冠宇　潘　哲　赵红领　董毓庆　段月辉
　　　　　王　达　马　健　吴灿鑫　何旭峰　郑绍英
　　　　　徐　涛　刘　敏　藏卫国　黄星迪　朱海娣
　　　　　王群敏　卢建军　王　伟　张开坤　陆晓勇
参编单位：杭州市地铁集团有限责任公司
　　　　　东通岩土科技股份有限公司
　　　　　浙大城市学院
　　　　　上海勘察设计研究院（集团）有限公司
　　　　　北京城建勘测设计研究院有限责任公司
　　　　　浙江省工程勘察设计院集团有限公司
　　　　　中国电建集团华东勘测设计研究院有限公司
　　　　　浙江省工程物探勘察设计院有限公司
　　　　　南京市测绘勘察研究院股份有限公司
　　　　　中煤浙江测绘地理信息有限公司

序

近年来，我国城市轨道交通发展迅速，运营规模不断扩大，运输压力不断攀升，线路技术水平差异越来越大，设备规格也朝着多样化迅速发展。截至2021年底，全国城市轨道交通运营线路达269条，运营线路总长度达8708km。我国各大城市的轨道交通建设大规模展开，并逐步向网络化方向发展。城市轨道交通对基础设施的可靠性、可用性、可维修性和安全性的要求越来越高。

随着大量城市轨道交通基础设施相继进入养护期，各相关单位日益重视轨道交通保护区的监控工作，以提高城市轨道交通运营服务质量。在轨道交通线网同步建设过程中，工程覆盖范围广、工点位置分散、周期长，导致工程风险预警、施工进度把控、建设评估等业务的自动化管理与统一管控实施困难。近几年，监测技术在城市轨道交通的大规模应用，监测系统在城市轨道交通系统中发挥了重要的作用。随着互联网技术、云计算技术、传感器技术和人工智能技术的不断深入应用，城市轨道交通监测系统也朝着智能化的方向发展。为此，通过对动态多源异构的海量信息的融合与共享，构建轨道交通设施安全监控预警系统，可有效实现风险隐患预警、快速解决所发现的问题，提升安全管理效率。应城市轨道交通高质量治理需要，出版《城市轨道交通设施安全监控技术手册》一书恰逢时日。

本书作者较为全面地整理、归纳了目前城市轨道交通保护区监测工作的内容，包括了监测等级与保护区划分、监测项目选用、监测作业流程、现场病害调查记录以及新型监控技术的开发等，并且给出了不同典型案例的监测分析。为实现建设过程全方位的信息融合与共享，提出了建设安全监控预警的需求分析。特别是给出了轨道交通保护监测的预报警规定，对愈加复杂的周边施工及自身运营有着极大的启示作用。本书还介绍了三维激光扫描成像与测量技术、全站仪串联长距离监控技术、无人机及手持设备巡查技术、INSAR非接触变形监控、光电成像技术以及监测云平台建设等新型监控技术的发展与应用。

十分感谢作者们的辛勤劳动，相信本书的早日出版将为我国城市轨道交通建设与运营安全的信息化管控水平的提升，起到非常积极的作用。

朱合华

中国工程院院士

教育部土木信息技术工程研究中心主任

2022年10月

前　言

城市轨道交通是铁路公共运输的延伸，也是城市规模发展到一定程度后的产物，它充分利用城市地下空间，在不阻碍各种地面建筑物、不破坏地表景观的情况下，用便捷、高效的方式解决了城市内部大客流运送的问题，极大缓解了城市道路拥堵的情况。城市地下空间开发利用呈现规模发展态势，中国已成为名副其实的地下空间开发利用大国。截至2020年底，中国内地的城市地下空间累计建设面积达24亿平方米。与此同时，基坑工程是城市发展、地下空间开发的重要手段，尤其地处繁华的城市中心的基坑工程，已运营城市轨道交通结构周边不可避免地会出现外部作业工程邻近施工的问题。随着大量城市隧道的建成和投入运营，越来越多邻近已运营隧道的基坑近接工程出现。大量工程案例表明，在软土地区，基坑开挖过程中邻侧土体的卸荷作用导致基坑围护结构产生相应变形，从而带动坑外隧道随着土体一同产生相应位移变形，因此，形成了"新兴工程"与"已运营城市轨道交通"之间的新矛盾。

基于此，本书由杭州市地铁集团有限责任公司牵头，联合城市轨道交通领域多家监测单位，围绕城市轨道交通设施安全监控技术，结合相关监测标准及规范，从城市轨道交通保护区监测等级划分及管理模式、变形控制指标及监测项目选用指南、监测项目作业、病害调查及记录流程、新型监控技术及应用等方面进行全面的归纳和总结，针对性地对城市轨道交通保护监测项目各个阶段进行系统探究，对基本监测相关知识和典型监测案例开展深度分析，旨在为对于城市轨道交通保护监测技术及流程尚不清楚的业内（外）人士提供有关城市轨道交通保护监测的相关知识和指导建议，为从业人员提供清晰的城市轨道交通保护监测项目的监测工作思路和标准流程，帮助从业人员系统地了解城市轨道交通保护监测的技术要点和操作规程，从而更加安全、更加高效、更加完善地统筹推进城市轨道交通保护监测项目，提升业内人员的整体知识涵养及操作水平。

本书共7章，第1章"绪论"由浙大城市学院牵头撰写，第2章"城市轨道交通保护区监测等级划分及管理模式"由杭州市地铁集团有限责任公司牵头撰写，第3章"城市轨道交通保护区内变形控制指标及监测项目选用指南"由上海勘察设计研究院（集团）有限公司牵头撰写，第4章"城市轨道交通保护区监测项目作业"由北京城建勘测设计研究院有限责任公司牵头撰写，第5章"城市轨道交通保护区内病害调查及记录流程"由浙江省工程物探勘察设计院有限公司牵头撰写，第6章"轨道交通保护新型监控技术及应用"由中国电建集团华东勘测设计研究院有限公司牵头撰写，第7章"典型监测案例分析"由各监测单位共同完成撰写。

本书的撰写过程中，同时得到了浙江省工程物探勘察设计院有限公司、南京市测绘勘察研究院股份有限公司、上海岩土工程勘察设计研究院有限公司、中煤浙江测绘地理信息有限公司、东通岩土科技股份有限公司等单位的大力支持,对配合本研究的相关工程技术人员和合作单位,在此一并表示衷心的感谢。

限于作者水平、能力及可获得的资料有限,书中难免存在不妥之处,敬请各位专家、同行和读者批评指正。

目　　录

1 绪论 ·· 1
　1.1 国内城市交通轨道保护监测的背景 ·· 1
　1.2 城市轨道交通保护监测概述 ·· 3
　1.3 城市轨道交通结构监测技术现状及发展方向 ···································· 10
　1.4 本书主要内容 ·· 12

2 城市轨道交通保护区监测等级划分及管理模式 ·· 14
　2.1 城市轨道交通保护区监测等级划分 ·· 14
　2.2 城市轨道交通保护区安全保护等级划分 ··· 14
　2.3 城市轨道交通结构安全监测管理模式 ··· 15

3 城市轨道交通保护区内变形控制指标及监测项目选用指南 ························· 20
　3.1 监测项目概述 ·· 20
　3.2 城市轨道交通保护区自动化监测项目 ··· 24
　3.3 城市轨道交通保护区人工监测项目 ·· 29
　3.4 各测项控制值及预报警值的设置原则 ··· 36
　3.5 监测项目控制值及预报警值的有关行业标准规定 ······························· 37
　3.6 病害调查及记录 ·· 41
　3.7 不同工程对应保护区内监测项目选用建议 ······································ 42

4 城市轨道交通保护区监测项目作业 ·· 46
　4.1 城市轨道交通监测作业原则 ·· 46
　4.2 人工监测项目监测作业 ··· 46
　4.3 自动化监测作业流程 ·· 59
　4.4 外部工程常规监测项目作业流程 ·· 66

5 城市轨道交通保护区内病害调查及记录流程 ·· 83
　5.1 调查内容 ·· 83
　5.2 结构现状调查方法 ·· 84
　5.3 调查报告内容及要求 ·· 89

6 轨道交通保护新型监控技术及应用 94

6.1 基于三维激光扫描成像技术隧道状态调查与应用 94
6.2 基于惯导的移动三维测量技术在地铁保护区监测中的应用 98
6.3 基于全站仪串联技术长距离隧道自动化监控技术及应用 102
6.4 基于无人机及手持巡查设备保护区监护巡查技术及应用 109
6.5 基于INSAR非接触变形监控技术 118
6.6 基于光电成像技术下的隧道结构自动化变形监测及应用 126
6.7 分布式光纤地铁既有线监测技术 130
6.8 外部工程新型自动化监控技术体系建设 133
6.9 城市轨道交通保护监控信息化平台建设 146

7 典型监测案例分析 153

7.1 案例1（侧方基坑工程） 153
7.2 案例2（上方基坑工程） 162

附录A 监测日报模板 171

附录B 状态调查报告模板 174

附录C 监测报警单格式 177

1 绪 论

1.1 国内城市交通轨道保护监测的背景

1.1.1 国内城市轨道交通现状

我国城市轨道交通在经历了早期建设、高速发展、建设调整等曲折过程后，已步入稳步、持续、有序的蓬勃发展阶段，形成了地铁、轻轨、独轨、城市间铁路（高铁）及新交通系统等多种类、多体系、复杂性的城市轨道交通系统。

如图 1.1-1 所示，截至 2019 年末，我国运营线路总里程达 6736.2km。2019 年新增的 968.77km 运营线路主要以地铁为主，新增地铁线路 832.72km，占当年新增运营线路里程的 85.96%。

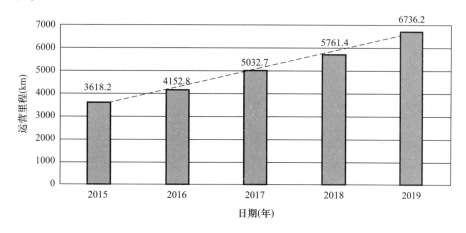

图 1.1-1 2015～2019 年我国轨道交通里程增长图

如图 1.1-2 所示，我国轨道交通种类主要包括地铁、市域快轨、轻轨、现代有轨电车、单轨、磁悬浮和自动旅客捷运系统（APM）。其中地铁占比最高。截至 2019 年，我国地铁运营里程为 5187.02km，占轨道交通总里程的 77.07%。

1.1.2 国内城市轨道交通保护监测的由来

随着城市建设的飞速发展，城市轨道交通作为一种有效缓解城市拥堵的交通形式，在我

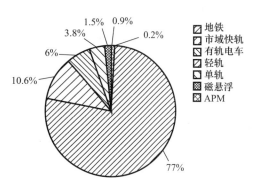

图 1.1-2 2019 年轨道交通各制式线路
长度对比图

国各大中城市兴起了建设的热潮,逐渐延伸到了城市的各个角落。与此同时,大量基坑工程地处繁华的城市中心,已运营城市轨道交通结构周边不可避免地会出现外部作业工程邻近施工的问题。大量工程案例表明,在软土地区,基坑开挖过程中邻侧土体的卸荷作用导致基坑围护结构产生相应变形,从而带动坑外隧道随着土体一同产生相应位移变形,侧方基坑引起土体变形示意图如图 1.1-3 所示。因此,形成了"新兴工程"与"已运营城市轨道交通"之间的新矛盾。

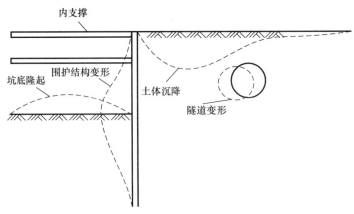

图 1.1-3　侧方基坑引起土体变形示意图

由于地铁隧道、车站及附属结构保护占据了城市轨道交通的绝大多数,且多数占据了城市的核心区域,因此,地铁隧道、车站及附属结构保护也成为矛盾的主体,本书后面章节也将以地铁隧道、车站及附属结构保护为主体进行介绍。杭州 4 号线地铁紧邻基坑工程图如图 1.1-4 所示。如何在保护已运营地铁的前提下,安全顺利地完成上部基坑开挖是该工程最关键的矛盾和问题。

图 1.1-4　杭州 4 号线地铁紧邻基坑工程图

由于新建城市轨道交通会迅速成为房地产建设投资的热点区域，随之而来的即是邻近既有城市轨道交通结构或在建城市轨道交通结构的土建工程。许多新建、改建和扩建的工程距离地铁很近，有的大型深基坑距离地铁仅有3m左右，开挖深度超过20m。大面积的隧道上部卸载，大直径管道从地铁结构的上（下）方近距离穿过，施工难度和施工风险非常大。在工程实施过程中和结束后都会直接或潜在地对地铁安全构成威胁，实施过程中某一环节稍有不慎，都会引发地铁安全问题。而这样的局面在以"发展城市轨道交通"为主要任务的一二线城市中将越演越烈，如杭州、宁波等沿海城市。以杭州市为例，据现有资料统计，截至2019年9月，杭州地区邻近已运营地铁隧道的工程共计124个，其中旁侧基坑工程约90个占比73%，上方基坑工程约13个占比10%。基坑工程邻近已运营地铁隧道施工所引发的环境影响问题日益突出。

1.2 城市轨道交通保护监测概述

为了保护地铁隧道本体与运营安全，目前国内各已建地铁城市都通过立法制定了专门的城市轨道交通管理办法，建立起了"保护区"这一概念。总体遵循"地铁建设优先""地面服从地下"的原则，地铁建设规划控制区和特别保护区内的各项建设，应当服从和配合地铁建设。相对应地，也衍生出了城市轨道交通保护监测这一概念。即指在城市轨道交通保护区内出现外部工程时，对于城市轨道交通结构处于保护目的而进行的相关监测活动。城市轨道交通工程保护监测则需要根据外部作业的具体内容针对性地制定监测方案和保护措施。因此也具有区别于其他工程的监测特点。

1.2.1 保护区设置

城市轨道交通保护监测是除日常运维监测外最常见的监测活动。当城市轨道交通结构控制保护区内出现外部作业工程时，应对该保护区内的城市轨道交通结构进行保护监测。当外部作业影响严重时，还需要对其制定相应的安全保护方案。为保护城市轨道交通设施安全，重点就是管制可能对其产生影响的外部作业，需在其周边设置一定范围的控制保护区，地铁车站保护区示意图如图1.2-1所示。

1.2.2 监测目的

保护监测的目的在于保证施工期间车站结构的安全，对其进行全方位监测。通过监测工作的实施，掌握在该项目施工过程中既有地铁车站工程结构的变化，为建设方及地铁相关方提供及时、可靠的数据和信息，评定施工对既有地铁车站结构的影响，及时判断既有地铁车站工程的结构安全，对可能发生的事故提供及时、准确的预报，也能为施工工序的调整和优化提供及时的监测数据，做到真正的信息化施工，避免事故的发生。

具体而言，通过保护监测可以达到以下目的：

（1）通过监测分析工程施工周围土体在施工过程中的动态变化，确定工程施工对原始地层的影响程度及可能产生失稳的薄弱环节。

（2）掌握围护体系及运营地铁的变位状态，并对其安全稳定性进行评价。

（3）对已有的自身车站结构病害进行调查、评价，为评估作依据。

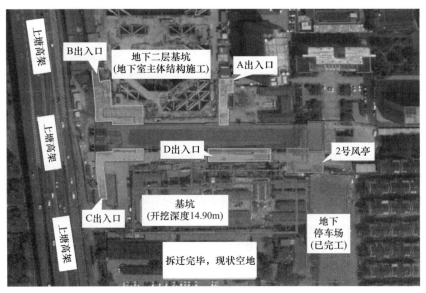

图 1.2-1 地铁车站保护区示意图

（4）掌握地铁周围施工对地铁车站结构造成的影响，并做出记录与评价，为将来地铁修复、索赔等提供依据。

（5）在土建施工过程中对周边环境和工程自身关键部位实施独立、公正的监测，基本掌握周边环境、围护结构体系的动态，验证施工方的监测数据，为业主、监理、设计、施工单位提供参考依据。

（6）通过现场监测信息反馈和施工中的地质调查，及时调整支护参数和采取相应的工程措施，优化施工工艺，达到工程优质、安全施工、经济合理、施工快捷的目的，并为今后类似工程提供借鉴。

（7）通过信息反馈进行安全预测及设计优化，在加强安全控制的同时减少投资，使工程始终处于安全可控状态，最大程度上加强业主的风险控制。

1.2.3 监测内容

一般而言，轨道交通保护监测的监测对象同时包括外部作业工程、受影响的轨道交通结构和两者间的土层。外部作业工程的监测内容依其工程内容和工程特性而定，轨道交通结构的监测内容根据结构的不同而不同。监测对象有：地下车站结构、盾构隧道、矿山法隧道、高架车站、附属设施等，以及对邻近施工项目本体的复核监测。

1.2.4 监测频率

城市轨道交通工程保护监测的监测频率应当依据相应工程的国家监测标准及工程所在地现行法律法规，并结合工程自身特性及过往经验综合考量后制定。此外，原则上当出现下列情况之一时，应加强监测，提高监测频率，按照规范至少应为人工监测频率 1 次/d 至 1 次/3d，自动化监测频率 4～12 次/d，甚至更高，并及时向委托方及相关单位报告监测结果：

（1）监测数据达到报警值。

(2) 监测数据变化量较大或者速率加快。
(3) 存在勘察中未发现的不良地质条件。
(4) 超深、超长开挖或未按设计施工。
(5) 场地及周边大量积水、长时间连续降雨、市政管道出现泄漏。
(6) 场地附近地面荷载突然增大或超过设计限值。
(7) 周边地面出现突然较大竖向位移或严重开裂。
(8) 邻近建（构）筑物突然出现较大、不均匀竖向位移或严重开裂。
(9) 工程发生事故后重新组织施工。
(10) 出现其他影响本项目及周边环境安全的异常情况。
(11) 地铁轨道行驶区域范围内的异常情况或监测数据突变等。

1.2.5 相关法规及相应标准

土木工程监测相关的规范和标准主要有：
(1)《建筑基坑工程监测技术标准》GB 50497—2019。
(2)《岩土工程勘察规范》GB 50021—2001。
(3)《建筑基坑支护技术规程》JGJ 120—2012。
(4)《建筑基坑工程技术规程》DB33/T 1096—2014。
(5)《建筑变形测量规范》JGJ 8—2016。
(6)《国家一、二等水准测量规范》GB/T 12897—2006。
(7)《城市轨道交通工程监测技术规范》GB 50911—2013。
(8)《地铁限界标准》CJJ 96—2018。
(9)《混凝土结构设计规范》GB 50010—2010（2015年版）。
(10)《城市轨道交通结构安全保护技术规范》CJJ/T 202—2013。

近年来，城市轨道交通保护监测相关国家标准及法律法规正在有条不紊地出台中。但现阶段，城市轨道交通保护监测所能参照依靠的资料依旧不够全面，多数情况需要工程师结合过往经验和相关专业知识进行相关方案的制定。杭州市、重庆市等多市均有发布《轨道交通控制保护区建设第三方监测管理暂行办法》；各地地铁公司也均有发布相应的地铁保护监测管理办法。但就全国而言，目前，除了北京、上海、广州等几个开通运营地铁时间较长的城市结合自身多年来在地铁保护方面的教训和经验，制定了较为详细的关于地铁设施保护的法规、规定外，大部分城市仍未有专门的关于地铁设施保护的法规正式出台，这也使得很多城市地铁保护的工作无法有效地推进，并陷入缺乏系统性法规、规定支撑的困境。各城市轨道交通保护相关标准及部分相关法规如表1.2-1、表1.2-2所示。

城市轨道交通保护相关国家标准及地方标准　　　　表1.2-1

标准编号	标准名称	实施日期	状态
CH/T 6007—2018	城市轨道交通结构形变监测技术规范	2019-01-01	现行
DB11/T 915—2012	穿越城市轨道交通设施检测评估及监测技术规范	2013-07-01	现行
DB34/T 3460—2019	城市轨道交通地下工程施工监测技术规程	2020-06-25	现行

续表

标准编号	标准名称	实施日期	状态
DBJ61/T 98—2015	西安城市轨道交通工程监测技术规范	2015-07-01	现行
GB 50911—2013	城市轨道交通工程监测技术规范	2014-05-01	现行
T/CSPSTC 43—2019	城市轨道交通地下结构健康检测监测技术规范	2020-04-01	现行
DG/TJ 08—2170—2015	城市轨道交通结构监护测量规范	2015-11-01	现行
HJ/T 403—2007	建设项目竣工环境保护验收技术规范 城市轨道交通	2008-04-01	现行
DB11/1067—2014	城市轨道交通土建工程设计安全风险评估规范	2014-09-01	现行
GB/T 39559.3—2020	城市轨道交通设施运营监测技术规范 第3部分：隧道	2021-07-01	现行
DB45/T 2127—2020	城市轨道交通运营线路结构监测技术规范	2020-07-30	现行

各地城市轨道交通保护部分相关法规　　　　表 1.2-2

适用地区	法规及管理办法名称	实施年份
北京市	北京市城市轨道交通安全运营管理办法	2004年（2009年更新）
	北京市轨道交通运营突发事件应急预案	2007年
上海市	上海市轨道交通管理条例	2002年（2014年更新）
	上海市轨道交通安全保护区暂行管理规定	2002年（2006年更新）
	上海市轨道交通运营安全管理办法	2010年
广州市	广州市城市轨道交通管理条例	2008年（2018年更新）
杭州市	杭州地铁集团有限责任公司轨道交通保护区管理实施办法	2017年
	杭州市城市轨道交通管理条例	2019年
	杭州市城市轨道交通运营管理办法	2015年
洛阳市	洛阳市城市轨道交通条例	2020年
西安市	西安市城市轨道交通条例	2019年
合肥市	合肥市城市轨道交通条例	2020年

1.2.6 监测的重要性

现阶段，各个城市对于城市轨道交通保护监测愈发重视主要有三个原因：

1. 城市工程及轨道交通密集化

我国自1965年7月1日第一条地铁——北京地铁一期工程正式破土动工以来，天津、上海、广州、杭州等二十来个城市也相继开通了83条地铁线路，运营总里程达2740.01km。杭州地铁1号线于2007年3月28日开工建设，2012年11月24日试运营，地铁2号线已经部分投入试运营，规划到2020年将陆续开通十多条地铁线路，包括城内线路和城际线路,形成地铁网。随着中国城市化发展的进行,各类工程都在如火如荼地进行着。而随之造成的就是城市用地面积紧张,越来越多的工程开始侵入到城市轨道交通保护区内,对轨道交通结构安全造成威胁。

在这些年的地铁施工过程中,有过许多严重的事故,例如 2008 年 11 月 15 日,杭州风情大道地铁工地发生大面积地面塌陷事故,造成地面长 75m、深 15m 的塌陷,多辆行驶中的车辆坠入塌陷处,造成严重人员伤亡事故,最终杭州地铁事故共造成 21 人死亡,24 人受伤,直接经济损失 4961 万元;2012 年 12 月 31 日,上海地铁 12 号线某停车场在施工中发生坍塌,造成 5 死 18 伤;深圳龙岗区的地铁 3 号线工地进行桥墩混凝土浇筑时发生事故,造成 3 死 2 伤;北京地铁 M15 号线车站施工过程中,支撑钢架脱落,导致 2 死 8 伤。城市轨道交通通常关系城市的交通命脉,一个工点施工引起的问题,可能导致一条线路停运,同时社会影响巨大,因而城市轨道交通保护监测重要性日益显现,杭州地铁塌陷事故模拟图如图 1.2-2 所示。

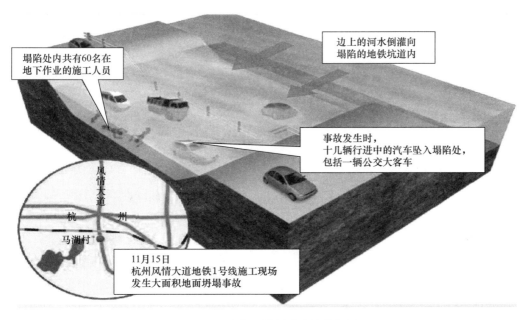

图 1.2-2 杭州地铁塌陷事故模拟图

2. 轨道交通结构的敏感性

城市轨道交通结构由于其自身运营要求,对于结构变形及性能较为敏感。根据浙江省工程建设标准《城市轨道交通结构安全保护技术规程(报批稿)》附录 A.0.1 规定安全等级为 I 级的外部作业工程,盾构隧道结构安全控制指标值:水平位移、竖向位移、相对收敛值均为 5mm。不难看出,现阶段对于城市轨道交通保护的要求已是愈加严格。因此,随着控制要求的不断上升,保护监测也显得愈加重要。更精准、更灵敏、能实现动态监测的保护监测成为现阶段城市轨道交通保护重要的一环。表 1.2-3 所示为浙江省工程建设标准《城市轨道交通结构安全保护技术规程(报批稿)》对于盾构法或顶管法地下结构的安全控制指标值。

盾构法或顶管法地下结构的安全控制指标值　　　　　表 1.2-3

结构的安全控制指标值	轨道交通结构安全状况			
	Ⅰ	Ⅱ	Ⅲ	Ⅳ
水平位移（mm）	<5	<8	<14	<20
竖向位移（mm）	<5	<10	<15	<20
相对收敛（mm）	<5	<8	<14	<20
车站与区间交接处异沉（mm）	<5	<8	<12	<16
变形曲率半径（m）	>15000	>15000	>15000	>15000
变形相对曲率	<1/2500	<1/2500	<1/2500	<1/2500
管片接缝张开量（mm）	<1	<1	<2	<2
外壁附加荷载（kPa）	≤10	≤15	≤20	≤20
裂缝宽度（mm）	≤0.1	≤0.1	≤0.2	≤0.2

3. 外部作业对于城市轨道交通结构的影响

在既有运营城市轨道交通附近进行基坑施工，会改变基坑周围土体的位移场和应力场，进而对城市轨道交通结构产生影响。但是如何准确确定深基坑施工中基坑周围土体的应力场和位移场，进而采取有效的措施保证施工顺利进行和周围环境的安全，这是岩土工作者亟待攻克的一个课题。同时现阶段城市轨道交通密集的城市多为沿海一二线城市，多数沿海城市又多为软土地区。例如杭州是典型的软土地区，区域土质具有高含水量、高灵敏度、高压缩性、低强度、低密度以及低渗透性的特点，因此在软土地区基坑开挖施工风险更高。

1.2.7　存在的问题

1. 野蛮施工、不规范施工较多，监测巡查难以起到有效作用

在地下工程施工中，仍存在较多的野蛮施工和不规范施工的问题，例如破坏地下管线、施工不规范、钢筋不合格等。且传统的仪器监测，其监测范围、频次是有限的，地下工程施工安全问题的发生有时是突发性的，通过现场巡查能够及时了解和掌控工程安全状况，是传统的仪器监测的有效补充。目前，现场巡查主要存在的问题有：巡查内容未能根据工程施工的工法特点、工程地质水文条件及周边环境特点进行巡查，针对性不强；现场巡查不能结合工程施工进度，合理调整巡视频次，巡查滞后于施工进度，不及时；巡查观察记录不详细、不规范，不能直接反映工程现场具体情况等。

2. 地铁城市保护区监测意识不足，缺乏经验

在新兴地铁城市常存在地铁保护监督管理不到位，缺乏长期巡查监控，内外部信息无法关联；保护区内设施结构在洞内结构检查过程中可以获悉结构病害、养修及空间位置信息；保护区洞外巡查可以获悉其监护项目、违规项目及空间位置信息。然而实际日常生产过程中时常遇到险情发生时，无法把洞内外信息与危险源的地质、监测、标图等环境信息快速有效地结合，不能有效对洞内外信息进行关联，导致错过最佳抢险时机。

政府执法部门的监管力度不足，立法管理不完善。从目前全国各城市的轨道交通管理情况来看，虽有些地方政府也制定并下发了地方性的轨道交通管理办法（条例），如上海、广州、南京等地都有针对地铁保护的专门规定，但总体上，监督管理力度不够，对地铁设施设备和结构的保护仍存在一定的盲点，主要表现为线路巡查机制、保护区项目的分级管

理等制度缺失以及对地铁保护工作的重视程度不足,很多城市均是在发生了地铁保护事故后才引起重视,事前控制不足。

3. 传统的人工监测作用较有限,难以满足运营线路,尤其是对隧道的监测

地铁隧道内工作环境复杂、空间狭窄、可视度差、不利于污染物扩散,人工监测方法存在一定困难。在施工过程中,人工监测频率较低,不能对变形情况做出及时的反应,无法实现远程测量,不能适应地铁保护区全面监测的需要,从而影响监测区间内的地铁连续运行。人工监测还存在成本高、责任心要求高及不能很好地利用历史数据等缺点。

4. 自动化监测手段较多,但缺乏有效的作业标准或规程

随着各大城市地铁规模的不断扩大,地铁隧道自动化监测系统在地铁监测中也得到越来越多的使用。地铁隧道自动化监测技术与传统人工监测相比,最大限度地减少了人工干预,消除了偶然误差,并大大降低了成本,同时弥补了人工监测在地铁运营时段或危险区域无法作业的不足,成为各监护监测项目工程的首选手段。但是由于经济技术等方面的原因,我国地铁隧道自动化监测系统的研究建设起步较晚,而国外很早就开始利用智能全站仪开发自动化监测系统。国外先进的自动化监测系统普遍价格昂贵,国内学者相继建立的自动化监测系统自圆其说,并没有形成真正规范有效的作业标准或规程。

5. 监测方案系统不完善

目前城市轨道交通工程监测方案存在的问题主要是:监测方案针对性不强,原则性要求多、不具体、可操作性差;方案内容不全面,一般缺少现场巡查内容、巡查频率及周期,缺少监测技术要求、信息反馈流程及对象,以及监测预警标准等内容。

6. 监测点的埋设和保护存在的问题

在监测工作实施过程中,监测点的埋设和保护存在的问题尤为突出,它将直接影响到监测工作的质量和安全管控的实际效果,应引起高度重视。问题主要表现在:监测方案中要求的监测项目或监测点在现场没有完全落实;监测点的埋设时间与施工进度脱节,不能及时进行监测数据(或初始值)的采集;监测点埋设不规范、无保护措施,或标识不全;监测点被破坏或压占,未采取补救措施,也未履行相关的手续等。

7. 监测项目控制指标的问题

监测项目的控制指标是监测预警预报工作的重要依据,是施工图设计文件的重要内容之一,其确定原则应根据工法特点、周围岩土体特征、周边环境保护要求并结合当地工程经验进行确定,因此,应由设计方确定。监测项目控制指标的主要问题是:控制值一般由监测单位根据相关经验或参考资料确定,而非由设计单位在设计文件中明确;控制指标只是简单直接套用相关规范中的参考值,未能结合轨道交通工程特点,在分析施工工法、地质条件及环境特点的基础上综合确定;对于不同的监测对象及项目,没有认真区别对待,简单地使用了单一的控制指标;同一个施工工点,第三方监测和施工监测的控制指标不一致;施工监测实施过程中,修改监测项目的控制指标没有经过相关程序及审批等。

8. 监测预警标准存在的问题

监测预警标准是监测预警工作的基础和依据,没有监测预警标准会造成工作混乱,责任不清。监测预警标准存在的问题主要有:监测预警的等级划分及分级标准不明确;施工监测、第三方监测及安全咨询三者之间的预警标准不统一等。

9. 监测成果报告质量问题

从现场实际情况来看，监测成果报告存在的主要问题有：监测成果报告中缺少现场巡查资料及巡查成果；监测周报、月报中无典型时程曲线；监测成果报告格式不规范、内容过于简单，对监测数据与巡查信息的分析不够，监测结论与建议欠缺；现场巡查原始记录缺少巡查人员签字等问题。

1.3 城市轨道交通结构监测技术现状及发展方向

1.3.1 全站仪及自动化监测系统

全站仪，即全站型电子测距仪，是一种集光、机、电为一体的高技术测量仪器，是集水平角、垂直角、距离（斜距、平距）、高差测量功能于一体的测绘仪器系统。因其一次安置仪器就可完成该测站上全部测量工作，所以称之为全站仪。广泛用于地上大型建筑和地下隧道施工等精密工程测量或变形监测领域。其优点在于：

（1）数据处理的快速与准确性。
（2）定方位角的快捷性。
（3）测距的自动与快捷性。
（4）体积小、重量轻，不易受地形限制。
（5）可自行完成计算。

1.3.2 静力水准仪及自动化监测系统

静力水准仪是测量高差及其变化的精密仪器。主要用于管廊、大坝、核电站、高层建筑、基坑、隧道、桥梁、地铁等垂直位移和倾斜的监测。静力水准仪一般安装在被测物体等高的测墩上或被测物体墙壁等高线上，常通过现场采集箱内置单机版采集软件实现自动采集数据并存储于现场采集系统内，再通过有线或无线通信与互联网相连进而传到后台网络版软件，从而实现自动化监测，其缺点是易受外界影响，如列车振动、温度变化幅度大引起数据失准等。静力水准仪的优点：

（1）采用有机玻璃管作为贮液容器，透明度好，可以直观地反应容器内液面的高度便于目测。
（2）上下端盖采用铝合金材料制成，表面氧化处理，既轻便又防锈。
（3）传感器采用全不锈钢制造，永不生锈，外部全封闭式结构，防水性能好。
（4）传感器安装采用螺纹连接固定，无需其他附件，既简单又牢靠。
（5）上端盖或底板上装有水平泡，便于仪器的安装调平。
（6）安装架装有3套调节螺栓对仪器底板形成3点支撑，便于仪器的安装调平。
（7）安装架适用在测墩和墙壁安装，无需增加附件，固定简单方便。

现阶段常用的静力水准仪多为自动化监测系统。

1.3.3 病害人工监测

现阶段对于城市轨道交通结构病害的智能自动化监测技术还不够成熟，多数情况下采用的是人工病害监测，并同步进行自动化复核监测。人工监测在效率上虽不及自动化监测系统那般高效，但人工多次复核是自动化监测系统数据校准工作中不可或缺的一环。自动化监测系统在出现系统故障、设备老化、外力干扰等情况时，监测数据会出现较大的仪器误差，而一般自动化监测系统没有完善的自检系统，往往需要人工复核来进行数据校准，从而进一步提升监测数据的可靠性。因此，现阶段的人工监测主要为频率较低，多为一周一到两次的人工病害监测及人工复核。

1.3.4 新型技术及设备

1. 光纤传感器

传感器监测也在城市轨道交通变形监测中广泛应用，测缝计、位移计、变位计、收敛计等传感器常常被安放在相应的监测点来实时测量相对的几何变形。光纤传感器主要包括以 Fabry-Perot 光纤传感器为代表的局部传感器、以光栅为代表的准分布式传感器、OTDR 光时域反射仪和 BOTDR 布里渊散射仪为代表的分布式光纤传感器。其中分布式光纤传感器在应变测量中的优势在于能够连续测量光纤传感器所在监测对象的应变分布，在日本、美国、加拿大等发达国家许多重大工程的结构健康监测、应变监测中广泛应用，其中也包括城市轨道交通等管道的变形监测。在国内，南京大学建立了我国第一个针对大型工程的 BOTDR 分布式光纤应变监测试验室，成功将这一技术应用于城市轨道交通监测领域。然而现有的传感器监测系统主要是"有线"的传感器网络，存在安装困难、成本高等缺陷。

2. 无线传感器网络技术

现代无线传感器网络技术（Wireless Sensor Network，WSN）20 世纪 90 年代末在美国发端，随后相继被美国商业周刊和 MIT 技术评论列为 21 世纪最有影响的 21 项技术和改变世界的十大技术之一，相关研究工作成为世界各主要发达国家的热门研究方向。无线传感器网络能够获取客观的物理信息，应用于军事通信、环境监测、精细农业、医疗健康、智能社会以及结构健康安全监测等诸多领域。随着对实时性要求高的运营城市轨道交通监测项目的增多，能够进行连续自动化监测的静力水准系统、电水平尺系统、梁式倾斜仪等传感器测量方式得到了越来越广泛应用。

3. 三维激光扫描技术及设备

三维激光扫描技术也称作实景复制技术，是一种采用激光测距方式采集三维坐标的测量技术。它是利用激光测距的原理，通过记录被测物体表面大量密集的点的三维坐标、反射率和纹理等信息，可快速复建出被测目标的三维模型及线、面、体等各种图件数据。由于三维激光扫描系统可以密集地大量获取目标对象的数据点，因此相对于传统的单点测量，三维激光扫描技术也被称为由单点测量进化到面测量的革命性技术突破。采用三维激光扫描技术可以大幅度克服原有测量技术的局限性，获取更加全面的隧道断面信息。

4. 探地雷达无损探测技术

地铁盾构隧道是一种管片衬砌与周围土体共同作用的结构稳定的构造物，盾构隧道施工时，为了填充盾尾间隙、控制地层变形，一般须在盾构机尾部进行注浆；在后期隧道竖向位移大的地方，也会通过相应位置预埋的注浆孔进行二次或控制注浆。盾构隧道注浆可以改善隧道的抗渗性，确保管片衬砌的早期和后期稳定性，注浆效果与盾构隧道性能与病害有密切关系。探地雷达（Ground Penetrating Radar，GPR）无损探测技术应用于盾构隧道壁后注浆施工中，其主要目的是探测注浆体沿着环向和纵向的分布形态以及注浆体和管片之间是否留有一定建筑空隙尚未填充。隧道所处的地层环境相对封闭，由于液浆的流动性、泌水性、渗透性、凝胶速度等特性，以及隧道所处地层的可灌性、渗透性以及地下水流动性等因素，注浆体在管片背后的形态并不一定是均匀的。隧道结构与其周围土体是紧密结合的整体，隧道注浆效果及注浆分布的实际情况难以直接查知。探地雷达是一种无损探测方法，采用非接地性测量，能比较直观地表现探测目标，可做快速无损连续探测，是地球物理勘察的重要方法之一，在探测软土盾构隧道壁后注浆效果方面，探地雷达也表现出了良好的效果。作为对隧道内表面检测（图像检测、激光检测）的补充和对照，探地雷达着重关注隧道衬砌壁后的状况，对隧道竖向位移及病害的治理具有极其重要的意义。

1.3.5 未来发展方向

结构变形的监测包括断面变形与竖向位移监测两个方面。对断面变形的自动监测目前有三个方向：

(1) 以经纬仪和全站仪为基础，设计自动化的系统使其能完成完全自动监测的方法。
(2) 以激光测距仪为基础的三维云数据点重建的方法。
(3) 以近景摄影测量技术为基础的自动监测方法。

从目前研究进展来看，方向（1）是目前研究最多的地方，也是一个相对可行的监测方法，但其自动化程度有待于进一步研究，相对高昂的成本也不具备推广前景；方向（2）从理论上来讲，其想法是非常好的，因为该方法不仅能高效地完成隧道内数据的采集，而且还能通过采集的数据对隧道结构进行三维重建，即这些三维的重建数据能够从更深的数据层次对隧道结构的各种变形计算。然而，对于方向（2）最大的挑战就是如何采集高精度的隧道结构数据，以得到可靠的三维重建。方向（3）由于成本低，操作简单，近些年也受到了重视，但是这种方法的精度受相关数学模型、求解模型及控制点的影响很大，可现场实用性还有待于进一步研究。

受竖向位移监测的特殊性，目前尚没有非常理想的自动化监测手段，对其监测主要有基于静力水准仪、基于电子水平尺和基于图像处理三个方向。基于静力水准仪和基于电子水平尺是目前大多地铁监测中所采用的手段，虽然这两者测量精度很高，但静力水准仪监测容易受到振动干扰，维护要求高，应用环境受限。而电子水平尺虽可实现实时监测，但仅能进行短距离的区段监测；相比于前两种监测手段基于图像处理监测方法并不采用精密的测试仪器作为其硬件载体，该优点是通过关联方法进行检测；活体检测系统和人脸检测技术在当前社会中存在着重要的价值，主要原则是防止信息被窃取，或者是出现安全隐患，通过3D摄像头在二维码上进行深度检测，来辨别人体的尺寸和视觉体位是否是活体，在图像训练上从深度神经网络结构上是与活体相匹配的；当前社会的发展需要活体人脸检测系统的科技手段，通过图像动态信息的采取，进行光学的频率信息分析，并得到数据动态图，实现科学技术的优越性，也带动着人们对活体人脸检测系统的认知度。

1.4 本书主要内容

本书定位为城市轨道交通保护监测技术指导工具书。旨在为对于城市轨道交通保护监测技术及流程尚不清楚的业内、外人士提供有关城市轨道交通保护监测的相关知识和指导建议，从而使得从业人员更加了解城市轨道交通保护监测的技术要点和操作规程，提升业内人员知识涵养及操作水平。书中物理量的单位统一使用国际单位。本书主要内容包括城市轨道交通保护区监测等级划分及管理模式、城市轨道交通保护区内变形控制指标及监测项目选用指南、城市轨道交通保护区监测项目作业、城市轨道交通保护区病害调查及记录流程、轨道交通保护国内外新型监控技术及应用、典型监测案例分析。本书各个章节针对性地讲解城市轨道交通保护监测项目的各个阶段，通过对基本的监测相关知识的讲解和典型建设案例的深度分析，为从业人员提供一个清晰的城市轨道交通保护监测项目的监测工作流程思路的同时，帮助从业人员更加安全、更加高效、更加完善地统筹推进城市轨道交通保护监测项目。

2 城市轨道交通保护区监测等级划分及管理模式

2.1 城市轨道交通保护区监测等级划分

轨道交通结构监测等级划分应符合表 2.1-1 中的规定。

轨道交通结构监测等级划分　　　　　表 2.1-1

轨道交通结构安全状况	外部作业影响等级				
	特级	一级	二级	三级	四级
	监测等级				
Ⅰ类	一级	一级	一级	一级	二级
Ⅱ类	一级	一级	二级	二级	三级
Ⅲ类	一级	一级	二级	三级	四级
Ⅳ类	一级	二级	三级	四级	四级

2.2 城市轨道交通保护区安全保护等级划分

2.2.1 行业标准中对城市轨道交通安全保护等级划分

《城市轨道交通结构安全保护技术规范》CJJ/T 202—2013 中对城市轨道交通保护区安全保护等级有明确的划分，按外部作业的工程影响划分强烈影响区（A）、显著影响区（B）、一般影响区（C）3 个分区。

2.2.2 浙江地区城市轨道交通安全保护等级划分

浙江省地方标准《城市轨道交通结构安全保护技术规程》DB33/T 1139—2017 中根据轨道交通结构安全状况、工程和水文地质条件、外部作业影响程度等因素，外部作业的轨道交通结构安全保护等级分为 A 级、B 级和 C 级三级。

浙江省地方标准《城市轨道交通结构监测技术规程》DB33/T 1224—2020 中根据外部作业影响分区和接近程度将外部作业影响等级分为特级、一级、二级、三级、四级；根据轨道交通结构变形或者结构损伤情况将轨道交通结构安全状况分为Ⅰ～Ⅳ类；最后根据外部作业影响等级和轨道交通结构安全状况将监测等级分为一级、二级、三级、四级。

2.2.3 其他地区城市轨道交通安全保护等级划分

上海市地方标准《城市轨道交通结构监护测量规范》DG/TJ 08—2170—2015 中，对于相邻影响监护测量风险等级划分为特级、一级、二级和三级。

重庆市地方标准《城市轨道交通结构检测监测技术标准》DBJ50/T—271—2017 中

3.2.1 条规定，城市轨道交通结构沿线的外部作业影响等级，可根据外部作业与城市轨道交通工程结构的接近程度、外部作业的工程影响分区两个因素确定，划分为特级、一级、二级、三级、四级。

广东省地方标准《城市轨道交通既有结构保护技术规范》DBJ/T 15—120—2017 中 3.2.1 条规定，外部作业为基坑、矿山法隧道、盾构法隧道、大型顶管等工程时，应根据外部作业与城市轨道交通既有结构的接近程度及其工程影响分区，确定其影响等级。

根据《成都市城市轨道交通线网规划》（2021 年版），《城市轨道交通结构安全保护技术规范》CJJ/T 202—2013，对城市轨道交通保护区内的外部作业按影响等级（特级、一级、二级、三级、四级、四级以外）分为 A 类、B 类、C 类。A 类项目是指外部作业影响等级为特级、一级、二级的项目，B 类项目是指外部作业影响等级为三级、四级的项目，C 类项目是指外部作业影响等级为四级以外和涉及规划拟建城市轨道交通的项目。

2.3 城市轨道交通结构安全监测管理模式

2.3.1 国内主要监测管理模式

目前，全国主要城市地铁保护监测管理模式有三种，一是地铁公司建立名录库，由名录库中单位对外承接保护区监测项目；二是地铁公司建立名录库，由地铁公司对外承接项目后再分给名录库中单位实施；三是地铁公司不建立名录库，只负责日常管理。全国来看，主管部门对监测单位的管理方法各不相同，各有特色。

2.3.2 杭州监测管理模式

1. 保护项目整体流程

（1）地铁公司从监测名录库中自主选择监测单位开展工作。

（2）监测单位收到委托后应组织编写地铁保护专项监测方案，将监测方案和委托合同一起报送至地铁集团和运营单位，应及时与地铁交通设施保护办公室签署《承包商安全生产管理协议》，同时向运营单位提交项目的《配合服务协议》《复核协议》等材料。

（3）监测单位需严格按照备案后的监测方案开展地铁设施保护监测和基坑复核监测等工作。

（4）监测单位在作业过程中需严格按照以下作业流程开展地铁保护监测工作。项目整体流程图如图 2.3-1 所示。

（5）监测单位在作业过程中需严格按照如图 2.3-2 所示的作业流程开展施工监测复核工作。

2. 监测复核流程

（1）地铁保护监测复核单位（以下简称"监测复核单位"）接到地铁保护监测单位的委托后，应积极搜集地铁保护项目的相关资料，并审核地铁保护监测单位的《复核协议》。

（2）监测复核单位在接到复核项目委托后，第一时间制订复核计划，并根据项目进度及时开展各项复核工作。

（3）监测复核单位在作业过程中需严格按照如图 2.3-3 所示的作业流程开展复核监测各项工作。

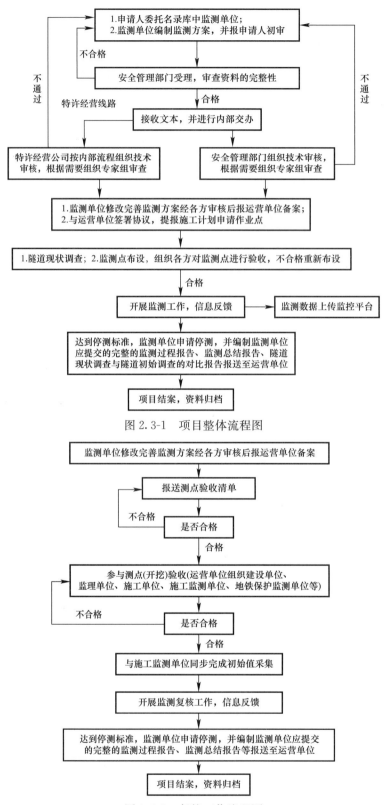

图 2.3-1 项目整体流程图

图 2.3-2 复核工作流程图

3. 设施保护监测方案技术审核

(1) 监测方案审核流程图如图 2.3-4 所示。

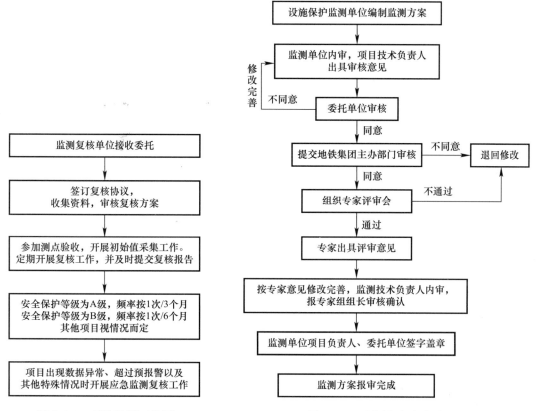

图 2.3-3　复核监测工作图　　　　图 2.3-4　监测方案审核流程图

(2) 设施保护监测方案应经主办部门审核同意后实施。需要进行专家评审的，应组织召开专家论证会，评审专家数量一般为 3 人，应形成专家评审意见，由监测单位逐条修改完善，并报送评审专家组长签字确认。

(3) 专家论证会的参会单位包括设施保护监测单位、建设单位、设计单位、勘察单位、评估单位、施工单位、外部项目监测单位、监理单位等。

(4) 监测方案的报审用表应采用标准表格。

4. 监管细则

(1) 监测单位管理

杭州目前采用地铁公司建立名录库，由名录库中的单位对外承接保护区监测项目的管理模式，地铁公司负责对名录监测单位进行考核管理，有效地保证了监测服务质量。

(2) 监测方案审核

设施保护监测单位应根据外部作业特点及其环境影响机理，按照相关监测技术规范以及安全评估报告（如有）的相关内容，编制能满足外部作业施工对轨道交通设施保护管控需要的设施保护监测方案。

设施保护监测方案主要内容包括：轨道交通设施及建设项目概况；水文地质条件、周边环境及工程风险；监测目的和依据；监测范围和监测等级；监测对象和项目；平面控制网和高程控制网联测；监测点的布设、保护与修复；基准点和工作基点的人工复核；监测方法及精度；监测频率、周期和停测要求；监测预报警值和控制指标；数据处理与信息反馈；项目人员和仪器设备配备情况；质量、安全及其他管理制度；应急预案等。

设施保护监测方案编制完成后提交至主管部门进行初审，需要进行专家评审的，通过专家论证并修改完善，报送至主管部门审核备案后实施。

（3）监测作业及过程管理

根据轨道交通保护区内外部作业影响情况，对可能受影响的轨道交通设施进行监测，并对轨道交通保护密切相关的施工监测项目进行复测。主要工作内容有监测点布设、状态调查、数据采集与分析、地铁保护区监测复核、结构状态巡查等，运营公司主要负责审核监测单位施工计划并形成台账记录、安排施工监管人进行施工监管、监测点验收。

针对监测数据报警、超控情况，监测单位第一时间以电话、微信、邮件等形式通知相关单位，并在24h内以报警单的形式报送项目监管负责人。项目监管负责人对报警情况进行初步分析，核实现场工况后，以《轨道交通保护区安全隐患告知书》的形式告知项目建设方，要求现场采取措施对风险加以控制；督促建设方立即组织召开报警分析会，对报警原因进行分析，并根据报警分析会专家意见制定项目后续风险管控措施；同时，需将问题报告市、区行政管理部门。

（4）监测复核管理

设施保护监测单位应落实施工监测复核机制，对外部作业项目保护区范围内的施工监测数据进行复核。从设施保护监测名录库中选择监测复核单位，落实设施保护监测复核机制，对该线路内设施保护监测数据进行复核。监测复核单位应根据外部作业特点、影响区域及程度，按照相关监测技术规范，编制能满足外部作业施工对轨道交通设施保护管控需要的监测复核方案，经审核同意后实施。

施工监测复核项目包括以下测项：地表沉降、深层土（墙）体水平位移、地下水位、支撑轴力等以及安全评估中有特殊要求的监测项目。施工监测复核单位应根据外部作业特点及其环境影响机理、作业项目影响区域和影响程度选择不同的施工监测项目进行复核。

2.3.3 北京地铁监测管理模式

地铁是一个庞大的系统工程，其中所涉及的工程内容和专业范围广泛，要完成对整个地铁施工的第三方监测，需要建立一个完善、高效的管理系统，管理系统示意图如图2.3-5所示，该系统主要包括以下几个子系统。

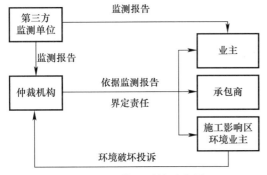

图 2.3-5 管理系统示意图

1. 项目组织协调系统

监测项目的实施过程涉及方方面面，包括业主、设计单位、施工单位、评估和咨询单位、监理单位、周边环境业主单位和政府机关等，因此将组成一个专门的协调小组，负责协调各方的关系，为第三方监测项目按计划实施创造良好的外部环境。

2. 现场量测子系统

现场量测子系统的主要任务是完成现场

数据的准确采集及处理。在项目的实施过程中，除了要求有一流的设备外，更重要的是要有丰富经验的土木工程师和专业的监测人员组成的联合队伍，能科学、经济而又高质量地完成现场监测任务。

3. 信息处理和管理子系统

从现场得到的数据内容繁多，数据处理和管理的工作量极大。采用专门的数据库管理和处理程序对数据按照一定的形式进行处理和存储，并以很好的界面显示出来，使其结果容易被业主和监理采用、掌握。

4. 信息分析和反馈系统

根据连续跟踪监测的结果，对监测数据进行综合分析和判断，科学合理地进行监测数据反馈，及时进行预警和报警，尽可能地减少事故的发生，是第三方监测工作中最为重要的一个环节，该项工作需要有具有丰富地铁科研、施工经验的人员进行。

3 城市轨道交通保护区内变形控制指标及监测项目选用指南

3.1 监测项目概述

软土地区的轨道交通易受到地质、周边环境、周边施工等多重因素的影响，发生一定的变形，严重时可引起轨道交通的运营安全。比如杭州某已建成运营区间，在无外部作业影响下，开通运营7年多时间内，自身沉降量已达到数10cm。在受到外部作业影响时，会加剧结构变形，导致轨道交通结构沉降、弯曲和扭曲变形、开裂、变形缝的扩展和错动，造成结构性能指标下降。当轨道交通结构变形严重时，会引起结构与道床剥离、轨道设备几何形位改变，形成"三角坑""吊板""暗坑"等缺陷，使行车平顺性变差，诱发冲击、摇晃甚至造成脱轨，对行车安全造成重大威胁。如杭州下沙（较厚粉砂性土）某深基坑施工致使邻近地铁盾构隧道收敛变形超过20mm，隧道变形严重需进行系统加固；宁波地铁某盾构区间受邻近基坑开挖影响，隧道管片发生大面积破损，出现多处纵向贯通裂缝，隧道沉降累计达39mm，水平位移达50mm，严重超过控制值10mm，隧道呈"扁鸭蛋"形、整体向基坑方向偏移并抬升，地铁结构呈不稳定、不安全状态，后通过钢环加固、注浆抬升等技术手段，对隧道结构进行了加固。因此，为了确保轨道交通结构的安全，进行轨道交通结构监测是非常重要的。

《城市轨道交通结构安全保护技术规范》CJJ/T 202—2013 中第7.2.1规定，监测项目应能及时反映外部作业对城市轨道交通结构安全影响的重要变化，并根据表3.1-1进行选择。

监测项目 表3.1-1

序号	监测项目	外部作业影响等级				监测对象
		特级	一级	二级	三级	
1	竖向位移	应测	应测	应测	宜测	内部
2	水平位移	应测	应测	应测	宜测	内部
3	相对收敛	应测	宜测	宜测	可测	内部
4	变形缝张开量、裂缝	应测	应测	宜测	可测	内部
5	隧道断面尺寸	应测	宜测	可测	可测	内部
6	道床与轨道变位	应测	宜测	可测	可测	内部
7	地下水水位	应测	应测	应测	宜测	外部
8	围护结构顶部水平位移	应测	应测	应测	宜测	外部
9	围护结构顶部竖向位移	应测	应测	应测	宜测	外部
10	岩、土体深层水平位移	应测	应测	应测	宜测	外部

注："内部"指城市轨道交通结构监测对象，"外部"指外部作业影响区域除城市轨道交通结构外的监测对象。

宁波轨道交通要求，变形监测以轨道交通结构自身的垂直位移与水平位移监测为主，同时兼顾轨道交通隧道的收敛变形监测。监测内容主要有：

（1）地下车站结构、明挖区间、盾构隧道、矿山法隧道、联络通道、高架结构、配线的垂直位移与水平位移监测。

（2）隧道收敛变形监测。

（3）车辆基地、出入口、变电所等相关附属设施的变形监测。

（4）其他与轨道交通结构安全有关的监测项目。

上海市地方标准《城市轨道交通结构监护测量规范》DG/TJ 08—2170—2015 规定，设置的监测项目应全面反映轨道交通结构的变形状况，不同监护风险等级的工程宜按表 3.1-2 的要求设置垂直位移、收敛、水平位移等主要监测项目，也可根据工程需要设置倾斜、裂缝、错台、拖带沉降等其他监测项目。

主要监测项目设置表　　　　　　　　　　　表 3.1-2

监测方式及测项		风险等级			
		特级	一级	二级	三级
人工	垂直位移	√	√	√	√
	收敛	√	√	√	√
	水平位移	√	√	○	○
自动化	垂直位移	√	○	○	○
	收敛	√	○	○	○
	水平位移	○	○	○	○

注：1. 上表中：√为应测项目，○为选测项目；
2. 科研项目、特殊项目必要时增加应力监测，基坑施工采用降水措施时，宜增加坑外水位监测。

广东省地方标准《城市轨道交通既有结构保护技术规范》DBJ/T 15—120—2017 第 7.2.3 条规定，监测项目应及时反映外部作业对城市轨道交通结构安全影响的重要变化，根据表 3.1-3 进行选择。

主要监测项目设置表　　　　　　　　　　　表 3.1-3

序号	监测项目	外部作业影响等级				监测对象
		特级	一级	二级	三级	
1	竖向位移	应测	应测	应测	宜测	内部
2	水平位移	应测	应测	应测	宜测	
3	相对收敛	应测	宜测	宜测	可测	
4	变形缝张开量、裂缝	应测	应测	宜测	可测	
5	隧道断面尺寸	应测	宜测	可测	可测	
6	道床与轨道变位	应测	宜测	可测	可测	
7	地下水水位	应测	应测	应测	宜测	外部
8	围护结构顶部水平位移	应测	应测	应测	宜测	
9	围护结构顶部竖向位移	应测	应测	应测	宜测	
10	岩、土体深层水平位移	应测	应测	应测	宜测	

注：1. "内部"指城市轨道交通结构监测对象，"外部"指外部作业影响区域除城市轨道交通结构外的监测对象；
2. 外部作业基坑监测应按照《建筑基坑工程监测技术标准》GB 50497—2019 的要求执行；
3. 当外部作业需要进行爆破时，应监测城市轨道交通结构的振动速度。

重庆市地方标准《城市轨道交通结构检测监测技术标准》DBJ50/T—271—2017 第 5.2.2 条规定，城市轨道交通结构安全保护监测项目应根据监测对象的特点、外部作业影响等级、外部作业施工的特点、轨道交通结构安全保护的要求综合确定，并宜按照表 3.1-4 进行选择（轨道安全保护专项设计方案中明确需要对城市轨道交通结构进行应力监测的，应将应力监测作为必测项目）。

主要监测项目设置表　　　　　　表 3.1-4

轨道交通结构形式	序号	监测项目	外部作业影响等级				
			特级	一级	二级	三级	四级
隧道结构	1	竖向位移	√	√	√	○	○
	2	水平位移	√	√	√	○	○
	3	净空收敛	√	√	√	○	○
	4	变形缝张开量、裂缝	√	√	√	○	○
	5	道床水平、竖向位移	√	√	√	○	○
	6	结构应力	○	○	○	○	○
	7	巡视检查	√	√	√	√	○
高架结构	1	墩台竖向位移	√	√	√	○	○
	2	墩台差异沉降	√	√	√	○	○
	3	墩台水平位移	√	√	√	○	○
	4	裂缝	√	√	√	○	○
	5	墩柱倾斜	√	√	√	○	○
	6	道床水平、竖向位移	√	√	√	○	○
	7	梁板应力	○	○	○	○	○
	8	巡视检查	√	√	√	√	○
路基	1	道床水平、竖向位移	√	√	√	○	○
	2	挡墙水平、竖向位移	√	√	√	○	○
	3	挡墙倾斜	√	○	○	○	○
	4	巡视检查	√	√	√	√	○
建（构）筑物	1	竖向位移	√	√	√	○	○
	2	水平位移	√	○	○	○	○
	3	倾斜	√	√	√	○	○
	4	裂缝	√	√	√	○	○
	5	巡视检查	√	√	√	○	○

注：√为应测项目，○为选测项目。

浙江省地方标准《城市轨道交通结构监测技术规程》DB33/T 1224—2020 中第 8.1.1 条规定，轨道交通控制保护区内有外部作业时应对地下车站和区间、高架车站和区间、地面车站和区间、附属建（构）筑物和轨道交通控制保护区进行外部作业影响监测。第 8.1.2 条规定，外部作业影响监测项目应根据表 3.1-5 进行选择。

3 城市轨道交通保护区内变形控制指标及监测项目选用指南

外部作业影响监测项目　　　　表 3.1-5

监测对象	监测项目	轨道交通结构监测等级			
		一级	二级	三级	四级
地下车站和区间、高架车站和区间、地面车站和区间、附属建（构）筑物	竖向位移	应测	应测	宜测	宜测
	水平位移	应测	应测	宜测	可测
	收敛	应测	应测	宜测	宜测
	变形缝张开量、裂缝	应测	宜测	宜测	可测
	隧道断面尺寸	应测	宜测	可测	可测
	倾斜监测	应测	宜测	宜测	可测
	差异沉降	应测	宜测	宜测	可测
轨道交通控制保护区	地下水位	应测	应测	宜测	可测
	支护结构顶部水平位移	应测	应测	宜测	可测
	支护结构顶部竖向位移	应测	应测	宜测	可测
	岩、土体深层水平位移	应测	应测	宜测	可测
	支护结构应力	应测	应测	宜测	可测
	支护结构深层水平位移	应测	应测	宜测	可测
	地表竖向位移	应测	应测	宜测	可测
	巡视检查	应测	应测	宜测	宜测

注：1. 收敛适用于盾构法和矿山法隧道的区段，明挖法区段可视需要选测；
　　2. 隧道断面尺寸监测应符合《城市轨道交通结构监测技术规程》DB33/T 1224—2020 附录 F 和附录 G 的相关规定。

江苏省地方标准《江苏省城市轨道交通工程监测规程》DGJ32/J 195—2015 中第 13.3.1 条参考《城市轨道交通结构安全保护技术规范》CJJ/T 202—2013 的相关规定，外部建设活动影响等级划分为特级、一级、二级、三级、四级。第 13.3.2 条规定，外部建设活动影响等级为特级、一级、二级时，应对受其影响的城市轨道交通结构及附属结构进行监测。第 13.3.4 条规定，监测项目应能及时反映外部建设活动对城市轨道交通结构安全影响的重要变化，可参考表 3.1-6 进行选择。

监　测　项　目　　　　表 3.1-6

序号	监测项目	外部作业影响等级					监测对象
		特级	一级	二级	三级	四级	
1	竖向位移	应测	应测	应测	宜测	宜测	内部
2	水平位移	应测	应测	应测	宜测	宜测	
3	隧道净空收敛	应测	应测	宜测	宜测	可测	
4	变形曲率半径	应测	应测	宜测	可测	可测	
5	隧道管片接缝、裂缝	应测	应测	宜测	宜测	可测	
6	隧道断面变形	应测	宜测	宜测	可测	可测	
7	车站、附属结构侧墙、高架结构桥墩垂直度	应测	宜测	宜测	可测	可测	
8	高架桥梁挠度	应测	宜测	宜测	可测	可测	
9	道床与轨道变位	应测	应测	宜测	可测	可测	
10	地下水位	应测	应测	应测	宜测	宜测	外部
11	围护结构顶部竖向位移	应测	应测	应测	宜测	宜测	
12	围护结构顶部水平位移	应测	应测	应测	宜测	宜测	

续表

序号	监测项目	外部作业影响等级					监测对象
		特级	一级	二级	三级	四级	
13	围护墙（土）体深层水平位移	应测	应测	应测	宜测	宜测	外部
14	支撑应力	应测	应测	应测	宜测	宜测	

注：表中"内部"指城市轨道交通结构监测对象，"外部"指外部建设活动影响区域除城市轨道交通结构外的监测对象。

河南省地方标准《城市轨道交通工程安全监测技术规程》DBJ41/T 188—2017 中第 11.3.1 条规定，参考《城市轨道交通结构安全保护技术规范》CJJ/T 202—2013 的相关规定，外部建设活动影响等级划分为五级：特级、一级、二级、三级、四级。第 11.3.2 条规定，外部建设活动影响等级为特级、一级、二级时，应对受其影响的城市轨道交通结构及附属结构进行自动化实时监测。第 11.3.4 条规定，监测项目应能及时反映外部建设活动对城市轨道交通结构安全影响的重要变化，可参考表 3.1-7 进行选择。

监测项目　　　　　　　　　表 3.1-7

序号	监测项目	外部作业影响等级					监测对象
		特级	一级	二级	三级	四级	
1	竖向位移	√	√	√	△	△	内部
2	水平位移	√	√	√	△	△	
3	隧道净空收敛	√	√	△	△	○	
4	变形曲率半径	√	√	△	○	○	
5	隧道管片接缝、裂缝	√	√	△	○	○	
6	隧道断面变形	√	△	○	○	○	
7	车站、附属结构侧墙、高架结构桥墩垂直度	√	△	○	○	○	
8	高架桥梁挠度	√	△	○	○	○	
9	道床与轨道变位	√	△	○	○	○	
10	地下水位	√	√	√	△	△	
11	支护结构顶部竖向位移	√	√	√	△	△	外部
12	支护结构顶部水平位移	√	√	√	△	△	
13	围护墙（土）体深层水平位移	√	√	√	△	△	
14	支撑应力	√	√	√	△	△	

注：表中"内部"指城市轨道交通结构监测对象，"外部"指外部建设活动影响区域除城市轨道交通结构外的监测对象。√为应测项目，△为宜测项目，○为选测项目。

3.2 城市轨道交通保护区自动化监测项目

3.2.1 自动化监测项目

自动化监测一般指采用高精度的仪器设备替代人工测量，实现远程自动化控制、自动测量目标识别、自动数据采集、远程数据传输、自动数据处理等多种功能于一体的测量手段，可有效替代人工现场测量，规避人工测量误差，应用于大坝、边坡、隧道、基坑、建筑等多种对象的实时监测，特别适用于现场作业环境恶劣、需要实现高频率测量、无法人工作业等场景。

目前，国内许多城市的轨道交通结构保护监测已广泛使用自动化监测手段，相关的标准规范也对自动化监测提出了明确要求。浙江省地方标准《城市轨道交通结构安全保护技术规程》DB33/T 1139—2017 规定，不同的安全保护等级对应轨道交通结构的自动化监测项目如表 3.2-1 所示。

轨道交通结构的自动化监测项目　　　　　　　　　　　　表 3.2-1

序号	监测项目	轨道交通结构安全保护等级		
		A 级	B 级	C 级
1	道床水平位移	应测	应测	宜测
2	道床竖向位移	应测	应测	宜测
3	相对收敛	应测	应测	宜测
4	车站与区间交接处差异沉降	应测	应测	宜测
5	高架段相邻柱基沉降差	应测	应测	宜测
6	道床与轨道变位	应测	宜测	宜测

上海市地方标准《城市轨道交通结构监护测量规范》DG/TJ 08—2170—2015 中第 6 章专门对自动化测量进行了规定，其中第 6.1.1 条要求施工作业项目的关键工序施工期间及轨道交通结构的关键区段宜增设自动化测量手段，工程影响监护测量的自动化测量项目设置宜按表 3.2-2 执行。

工程影响监护测量的自动化测量项目设置　　　　　　　表 3.2-2

监测项目	风险等级				可选用的测量方法
	特级	一级	二级	三级	
沉降测量	√	○	○	×	静力水准、点水平尺、全站仪
收敛测量	√	○	○	×	激光测距仪、全站仪
水平位移测量	○	○	×	×	全站仪
土体深层水平位移测量	○	○	×	×	固定式测斜仪

注：√为应测项目，○为选测项目；×为不建议选用项目。

结合国内上海、杭州、南京、苏州、长沙、广州等多个城市的自动化监测项目实施情况，目前自动化监测项目主要集中在沉降、水平位移、收敛 3 个重点监测项目，相关的自动化监测实施效果较好，监测精度与可靠性均有较好的保障。

3.2.2 自动化监测手段

3.2.2.1 基于全站仪的自动化监测

高精度的全站仪（测量机器人）可实现监测棱镜自动照准、自动测角与测距、自动目标跟踪、自动记录、远程自动化控制等多种功能于一体，已经越来越多地应用于各类工程行业，如高铁、地铁、矿山、大坝、超高层建筑等领域。主要技术参数表见表 3.2-3。

主要技术参数表 表 3.2-3

技术参数

测角精度	0.5″
测距精度	0.6mm+1ppm
单次测量时间	3～7s
机载程序	全断面扫描测量
最大旋转角速度	180°/s
数据记录	CF卡/RS232 输出
望远镜放大倍率	30 倍
电源	锂电池，可充电/外接电源

全站仪（测量机器人）应用于地铁保护区监测，具有以下优势：

（1）高精度。以某系列全站仪为例，测角精度达±0.5″，测距精度达±0.6mm+1ppm，完全能满足毫米级的变形测量精度要求。

（2）高可靠性。地铁保护区监测作业环境较差，一方面隧道内地铁列车运行频率较高，振动较大，另一方面受地下水影响隧道内通常存在渗漏水情况，隧道内湿度较大，因此十分考验监测系统的可靠性。目前国内性能与可靠性均较为优越的全站仪，可以在远距离自动识别目标棱镜，排除环境中的干扰因素（灯光、水汽、日照等）和无效目标，有效地提高自动测量的距离、精度和效率，在地铁隧道项目中具有较好的适用性。

（3）成果丰富。全站仪测量可一次性得到待测目标的三维坐标，直接可以用于计算水平位移、沉降及收敛3个主要监测项目。

利用高精度的全站仪（测量机器人），可较为便捷地组建自动化监测系统，如表 3.2-4 所示。

自动化监测系统 表 3.2-4

序号	项目	功能
1	小棱镜	作为监测点，钻孔埋设于待测结构上
2	后视控制棱镜	作为基准点，钻孔埋设于施工影响范围外的稳定位置
3	全站仪	采用固定仪器台，进行 24h 的实时自动化测量
4	传输模块	数据的实时传输、实时控制
5	用户端	电脑实时控制、数据处理

自动化监测系统示意图如图 3.2-1 所示：

图 3.2-1 自动化监测系统示意图

当监测区域范围小于 200m 时，一般采用单台全站仪组建测量控制网，将全站仪置于监测区中心位置，在监测区左、右两侧远离施工影响区域布置大棱镜作为后视控制点（一般每侧布设 4~8 个为宜），控制网以空间多点后方交会的形式进行平差，可快捷地计算全站仪的三维坐标，进而测量计算其他监测点的坐标，得到相关变形量。单台全站仪测量控制网如图 3.2-2 所示。

当监测区域范围大于 200m 时，一般采用多台全站仪组建测量控制网，将全站仪基本均匀地布置于监测范围，相邻仪器台距离一般小于 100m，在监测区左、右两侧远离施工影响区域布置大棱镜作为后视控制点（一般每侧布设 4~8 个为宜）。此时，由于全站仪需要实时进行测

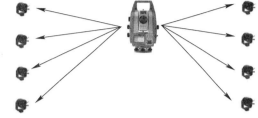

图 3.2-2　单台全站仪测量控制网

量，无法通过在仪器台设置大棱镜的方式进行控制网测量。因此，一般采用基于偏置小棱镜或是"背靠背"小棱镜的方式进行实时的控制网测量，以获取各个仪器台的绝对坐标。

以 3 台全站仪组建控制网为例，一般采用如图 3.2-3 所示的网形。

图 3.2-3　3 台全站仪测量控制网

3.2.2.2　基于静力水准的自动化监测

根据自由流动的液体表面总是等高的原理，将装有液体的多个测量容器用连通管连接起来，就构成了一个简单的流体静力水准测量系统。一个最简单的流体静力水准测量系统，由用一根管连通的两个盛液容器、空气平衡管、整平用的水准管和用于测量液面高度的传感器组成。监测点间高程的相对变化就是通过测量顶面到液体表面距离的变化来反映的，采用不同传感器，如光学式、感应式、超声波和干涉法等进行测量，高差测量精度在 $5~500\mu m$，且测量频率高。影响液面高度的主要误差来源于不同监测点的温度差和气压差。对此，可用一根空气连通管形成的封闭系统来消除气压差；可以同时测量各监测点的温度改正液体密度，从而改正各点因液体密度的不同引起的液面差。

目前，流体静力水准测量系统除了进行高精度的静态测量外，在动态测量方面主要集中在大坝、建筑物的基础沉降与倾斜监测；机械设备的沉降与倾斜监测；大型研究设备（线性粒子加速器、环状粒子加速器等）安装与动态变化监测；与其他岩土力学测量设备一起对桥梁及滑坡岩崩的监测等。相对于数字水准仪、全站仪等其他高程测量仪器而言，流体静力水准测量系统具有精度高、结构简单稳定、不需要点间通视，易于实现自动化等优点，尤其适用于特殊状况下多点同时长期自动化高精度监测，但其测量范围相对而言比较小。在实际岩土工程中，还有大量安装或埋设在监测对象上，并用来测量其相对变化的另外一类传感器，如用于测量岩体裂缝的相对变化和钢筋、混凝土的某轴向变形的伸缩仪，用于测量桥梁在动态荷载下变化的倾斜测量传感器等，其测程小（只有几厘米或更

小），但测量精度高（相对精度可达到 0.1%）。它主要是通过感应原理将实际变化以电阻变化、电感变化、电容变化等形式转化成电流强度或电压的变化，再经过模数转换变成数字信号反映出来。

相比其他监测手段，静力水准具有以下特点：

（1）测量精度高。较传统的人工水准测量、全站仪三角高程测量等，静力水准测量系统精度在隧道内完全可以实现±0.1mm 的监测精度，满足各类工程监测所需。

（2）自动化监测速度快，较传统的人工水准测量、全站仪三角高程测量等，可以做到高频次的监测速度，且可实现一次性完成所有监测点的测量计算，效率较高。

（3）布设灵活，可实现高密度的测量。静力水准的布设间距可灵活控制，无须考虑监测点之间的相互影响，因此布设密度可远高于全站仪自动化监测。

（4）应用场景灵活。测距仪设备较小，无须考虑监测点间的通视、地铁附属设施设备的干扰，因此可以应用于地铁隧道、车站、附属出入口与风亭等类场景，较传统的人工水准测量、全站仪三角高程测量布点更加灵活。

3.2.2.3 基于工业型激光测距仪的自动化监测

目前，激光测距仪已广泛应用到地铁结构的水平收敛变形监测，激光测距仪设备原理较为简单，测距仪发射出的激光经被测量物体反射后又被测距仪接收，测距仪同时记录激光往返的时间 t 和光速 c，光速 c 和往返时间 t 乘积的一半，就是测距仪和被测量物体之间的距离。典型的激光测距系统一般具备以下四个模块：激光发射模块；激光接收模块；距离计算与显示模块；激光准直与聚焦模块。激光测距仪工作原理示意图如图 3.2-4 所示。

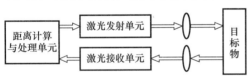

图 3.2-4 激光测距仪工作原理示意图

系统工作时，由发射单元发出一束激光，到达待测目标物后漫反射回来，经接收单元接收、放大、整形后到距离计算单元计算完毕后显示目标物距离。在测距点向被测目标发射一束强窄激光脉冲，光脉冲传输到目标上以后，其中一小部分激光反射回测距点被测距系统光功能接收器所接收。

通常来讲，激光测距仪具有以下特点：

（1）被测物与激光方向最好是垂直方向，被测物倾斜度一般最大可达到 75°。

（2）被测物最好是浅色（白、黄、红等）反射率较高的颜色；反射率越高，传感器测量的距离越远；黑色的物体，反射效果最差，测量距离最短。

（3）工作环境光线越暗，效果越好（晚上最好）；环境光照较强的情况下，会影响仪器的距离，但通常不会影响仪器的精度、稳定性等参数。

（4）自动化监测速度快，可实现最快 1 次/s 的监测速度。

（5）结构简单，抗干扰能力强。不同于全站仪需要安装监测棱镜，测距仪无须专门布设监测点，一般在隧道管壁上做好标记即可完成测量。

（6）布设灵活，可实现高密度的测量。测距仪的布设间距可灵活控制，无须考虑监测点之间的相互影响，因此布设密度可远高于全站仪自动化监测。

因此，激光测距仪尤其适合光照条件较差的地铁隧道，进行水平收敛监测。目前使用较多的工业型激光测距仪可以通过无线网络方式实现远程监控，适合野外无人值守、无法布线等领域的长期监测和短期监测，它具有远程监控、实时显示变形趋势等智能化功能。

对于地铁隧道，可在隧道待测管壁上使用固定支架安装工业型激光测距仪，并通过电缆线及无线传输模块进行远程操控。

3.3 城市轨道交通保护区人工监测项目

3.3.1 保护区人工监测基本要求

3.3.1.1 基本要求

为监控城市轨道交通设施安全，外部作业行为可能对其结构安全及运营带来影响，应对外部建设（作业）活动所对应的区域实施保护监测工作。

在城市轨道交通结构周边进行的可能对其产生影响的外部作业，根据城市轨道交通结构已有变形和损伤情况，对其结构安全状况进行评价。根据安全的评价结果对受保护的区域进行监测作业。

3.3.1.2 监测方法

根据外部作业影响等级划分，城市轨道交通保护区监测影响等级较高时应采用自动化监测；当影响等级较低时，采用人工监测。

采用自动化监测时，为确保城市轨道交通保护区内各自动化监测数据的准确性，能及时反映外部作业对轨道交通设施的影响，对设施保护监测以及保护区范围内施工监测数据进行人工复核监测。

3.3.1.3 人工监测测项及频率

保护监测单位应根据外部作业的影响特征、外部作业影响等级、轨道交通结构类型及现状、轨道交通结构安全保护要求和外部作业实施前所开展的安全评估成果，确定人工复核监测测项及监测频率。

1. 地铁结构人工监测

地铁结构人工复核监测测项如表 3.3-1～表 3.3-3 所示。

盾构法或顶管法地下结构监测测项 表 3.3-1

序号	监测项目	轨道交通结构安全保护等级		
		A 级	B 级	C 级
1	水平位移	应测	应测	宜测
2	竖向位移	应测	应测	宜测
3	相对收敛	应测	应测	宜测
4	车站与区间交接处差异沉降	应测	应测	宜测
5	管片接缝张开量	应测	应测	宜测
6	裂缝宽度	应测	应测	宜测

明挖法地下结构监测测项 表 3.3-2

序号	监测项目	轨道交通结构安全保护等级		
		A 级	B 级	C 级
1	水平位移	应测	应测	宜测
2	竖向位移	应测	应测	宜测

续表

序号	监测项目	轨道交通结构安全保护等级		
		A级	B级	C级
3	车站与附属结构交接处差异沉降	应测	应测	宜测
4	车站与区间交接处差异沉降	应测	应测	宜测
5	裂缝宽度	应测	应测	宜测
6	结构倾斜	宜测	可测	可测

高架及地面结构监测测项　　　　表 3.3-3

序号	监测项目	轨道交通结构安全保护等级		
		A级	B级	C级
1	水平位移	应测	应测	宜测
2	竖向位移	应测	应测	宜测
3	车站与附属结构交接处差异沉降	应测	应测	宜测
4	相邻柱基沉降差	应测	应测	宜测
5	裂缝宽度	应测	应测	宜测
6	结构倾斜	宜测	可测	可测

轨道交通结构安全保护等级为 A 级时，应监测道床与轨道变位；轨道交通结构安全保护等级为 B、C 级时，宜监测道床与轨道变位。

地铁结构人工复核监测频率为 1 次/7d，应根据最邻近轨道交通结构的作业面所在位置与轨道交通结构之间的净距动态调整，当轨道交通结构监测数据达到报警时，应提高监测频率。

2. 外部施工人工复核监测

为保证轨道交通结构的安全性和正常运营，在其结构及其周边特定范围均需设置控制和保护区域。保护区范围可能存在的外部作业包括：桩基施工、基坑开挖、地面堆卸载、管道或隧道穿越、并行施工等。因此，邻近工程建设不当易引起既有轨道交通结构变形、开裂和渗水等问题，影响轨道交通结构安全使用、耐久性能和服役寿命。

根据外部作业实施前所开展的安全评估成果的指导意见，对基坑进行水平位移、竖向位移、深层水平位移、土体分层竖向位移、孔隙水压力、地下水位、岩土压力、锚杆和土钉拉力、结构应力等测项进行基坑人工复核监测。

外部作业施工过程评估应结合轨道交通结构的监测数据，分析变形超标的原因；在此基础上再次评估结构在当前状态下的继续抗变形能力和承载能力，根据调整后的外部作业方案，预估下一阶段轨道交通结构的变形增量，提出下一阶段地铁保护措施的改进建议。

3.3.2 保护区地铁结构的人工监测项目

3.3.2.1 垂直位移监测

垂直位移采用精密水准测量方法进行监测。根据《城市轨道交通工程测量规范》GB/T 50308—2017 变形监测要求，垂直位移监测基准网按垂直位移监测控制网的技术要求作业，并布设成闭合或附合水准路线。垂直位移监测点按垂直位移监测网技术要求作业，并布设成闭合或附合水准路线。垂直位移变形监测坚持"四固定"原则，即固定主要监测人员，固定主要监测设备，固定监测路线，固定数据处理方法，达到每期等精度监测。

3 城市轨道交通保护区内变形控制指标及监测项目选用指南

垂直位移监测的相关技术要求见表 3.3-4～表 3.3-6：

垂直位移监测基准网的主要技术要求 表 3.3-4

等级	相邻基准点高差中误差（mm）	测站高差中误差（mm）	往返较差，附合或环线闭合差（mm）	检测已测高差之较差（mm）
Ⅰ	±0.3	±0.07	$±0.15\sqrt{n}$	$±0.2\sqrt{n}$
Ⅱ	±0.5	±0.15	$±0.30\sqrt{n}$	$±0.4\sqrt{n}$
Ⅲ	±1.0	±0.30	$±0.60\sqrt{n}$	$±0.8\sqrt{n}$

注：n 为测站数。

垂直位移监测的主要技术要求 表 3.3-5

等级	变形监测点的高程中误差（mm）	相邻点高差中误差（mm）	往返较差，附合或环线闭合差（mm）	主要监测方法
Ⅰ	±0.3	±0.1	$0.15\sqrt{n}$	一等水准测量
Ⅱ	±0.5	±0.3	$0.30\sqrt{n}$	二等水准测量
Ⅲ	±1.0	±0.5	$0.60\sqrt{n}$	二等水准测量

注：n 为测站数。

水准监测的主要技术要求 表 3.3-6

等级	仪器型号	水准尺	视线长度（m）	前后视距差（m）	前后视距差累计差（m）	视线离地面最低高度（m）	两次读数所测高差较差（mm）
Ⅰ	DS05	铟瓦	≤15	≤0.3	≤1.0	≥0.5	≤0.4
Ⅱ	DS05	铟瓦	≤30	≤0.5	≤1.5	≥0.3	≤0.4
Ⅲ	DS1	铟瓦	≤50	≤1.0	≤3.0	≥0.3	≤0.7

3.3.2.2 水平位移监测

按照《城市轨道交通工程测量规范》GB/T 50308—2017 变形监测要求，水平位移监测基准网采用导线测量方法获取基准点的初始坐标，仪器采用全站仪（±0.5″，±0.6+1ppm），见图 3.3-1，后期测量采用后方交会方法的方式进行测量，并对基准点进行稳定性判定。水平位移监测基准网的主要技术要求见表 3.3-7。

图 3.3-1 全站仪（±0.5″，±0.6+1ppm）

31

水平位移监测基准网的主要技术要求　　　　表 3.3-7

等级	相邻基准点的点位中误差	平均边长（m）	测角中误差（″）	最弱边相对中误差	全站仪标称精度	水平角监测测回数	距离监测测回数	
							往测	返测
Ⅰ	±1.5	150	±1.0	≤1/120000	±1″, ±(1mm+1×10⁻⁶D)	9	3	3
Ⅱ	±3.0	150	±1.8	≤1/70000	±2″, ±(2mm+2×10⁻⁶D)	9	3	3
Ⅲ	±3.0	150	±1.8	≤1/70000	±2″, ±(2mm+2×10⁻⁶D)	6	2	2

备注：D 为测距边长（单位：km）。

3.3.2.3　水平收敛监测

根据《城市轨道交通工程测量规范》GB 50308—2017、《建筑变形测量规范》JGJ 8—2016，在此列出隧道收敛监测的方法，见表 3.3-8。

隧道收敛监测的方法　　　　表 3.3-8

序号	监测方法	监测示意图
1	"全站仪+反射片"法	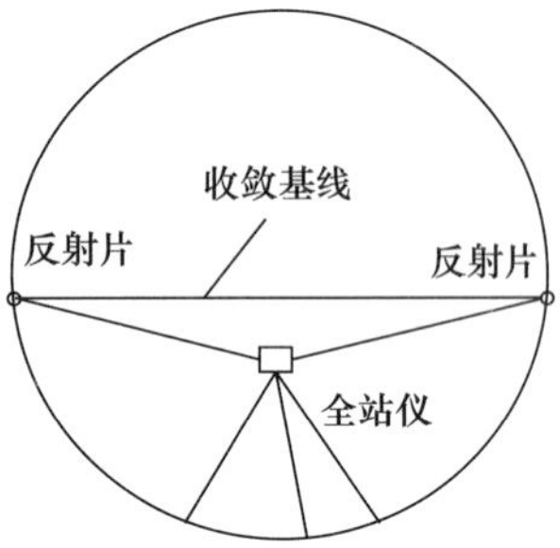 （示意图：圆形隧道内，两反射片通过收敛基线连接，全站仪位于下方）
2	"全站仪+棱镜"法	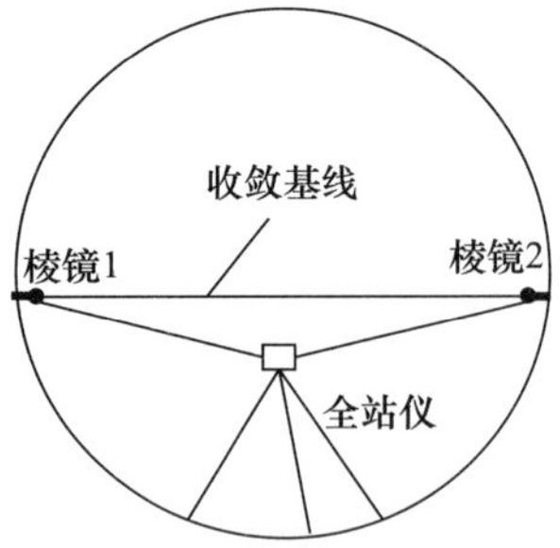 （示意图：圆形隧道内，棱镜1和棱镜2通过收敛基线连接，全站仪位于下方）
3	"手持测距仪"法	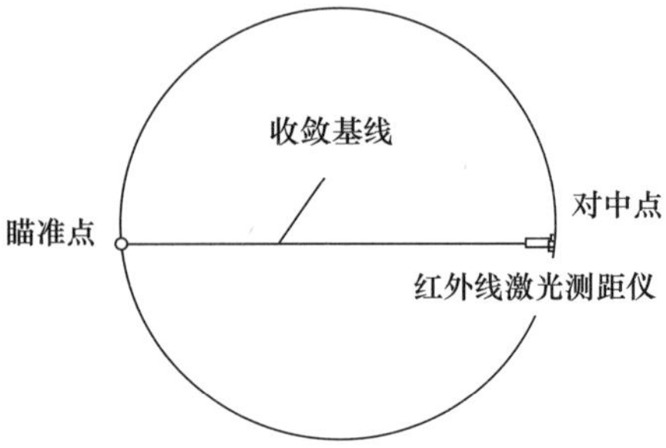 （示意图：圆形隧道内，瞄准点与对中点通过收敛基线连接，红外线激光测距仪位于对中点）

3.3.2.4 轨道几何形位监测

轨道几何形位监测包括轨道轨距和轨顶水平监测，按工务维修轨道检测方法进行检查。轨距为两钢轨头部内侧间与轨道中线相垂直的距离，轨顶水平是指线路左右两股钢轨顶面的相对高差，使用红油漆在两轨道内侧做好标记以便每期监测在同一位置，轨距及轨顶水平用轨距尺量取，数显轨距尺如图3.3-2所示。

图3.3-2 数显轨距尺

3.3.2.5 结构倾斜监测

使用全站仪、水准仪及倾斜仪进行隧道结构、周边建（构）筑物、桥梁墩柱等特定位置的倾斜监测，主要方法有投点法、差异沉降法及倾斜仪法，结构倾斜监测方法及适用条件见表3.3-9。

结构倾斜监测方法及适用条件 表3.3-9

监测方法	适用条件
投点法	适用于高耸建（构）筑物的倾斜测量
差异沉降法	适用于基础边长较大的建（构）筑物测量
倾斜仪法	适用于隧道结构或者重要建（构）筑物需要连续进行倾斜监测

3.3.2.6 三维激光扫描

其扫描主要原理为：激光扫描仪发射激光，并以螺旋线的形式对隧道进行全断面高密度扫描。采集软件通过分析发射和接收激光信号的强度，可以获得隧道衬砌内表面的影像信息，形成灰度图；通过分析发射和接收激光信号的相位差，可以获得隧道衬砌表面扫描点的二维坐标。配合全站仪的外部绝对定位，可以获得所有测量点的三维绝对坐标。

三维激光扫描系统工作原理示意图如图3.3-3所示。

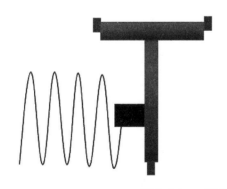

图3.3-3 三维激光扫描系统工作原理示意图

3.3.2.7 人工裂缝监测

施工前及监测周期内调查确认地铁结构有无裂缝，若有则应根据《建筑变形测量规范》JGJ 8—2016有关规定，对裂缝进行全方位监测，监测内容包括裂缝位置、走向、长度、宽度，必要时应监测裂缝深度。施工前调查确认铁路有无裂缝，若有则采用数显裂缝宽度监测仪（标称精度：±0.01mm）对裂缝进行监测，数显裂缝宽度监测仪外观及裂缝测量操作示意图如图3.3-4所示。

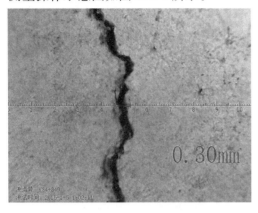

图3.3-4 数显裂缝宽度监测仪裂缝测量操作示意图

3.3.2.8 现场巡查

1. 隧道结构巡查

日常隧道巡查采用人工巡查。隧道结构病害巡查的主要内容如下：

（1）现场踏勘、记录并监测已有裂缝的分布位置，裂缝的走向、长度。

（2）对于新发生的裂缝及时监测，分析裂缝形成的原因，判断裂缝的发展趋势。

（3）对于发现有渗漏的地方及时做好标志及记录，并对渗漏原因进行分析。

2. 外部工程施工状态及周边环境巡查

在日常监测期间，安排专人定期对基坑施工状态及周边环境进行巡查，填写现场巡查日志。巡查内容主要包括：施工工况、出土路线、降水排水系统、围护支撑结构体系、周边环境的变形等情况。

在项目基坑施工过程中，根据施工方土方开挖实施方案，重点关注基坑重载车辆的出土运输路线及路面变形情况，每次巡查填写现场巡查日志，纳入日常监测报告中，并结合监测数据，分析对地铁结构的影响。

3.3.3 保护区外部作业复核监测项目

本节主要介绍涉及保护区外部施工的人工各监测项目的常用仪器设备、采用的监测方法、监测数据处理以及实施中的注意事项等内容。

3.3.3.1 水平位移

水平位移监测主要采用全站仪、位移传感器、GPS等高精度测量仪器来实现，常用仪器如图3.3-5所示。

图3.3-5 常用仪器

3.3.3.2 竖向位移

竖向位移监测主要采用水准仪、全站仪等高精度测量仪器来测定。城市轨道交通工程竖向位移监测常用方法有：水准测量、三角高程测量方法等。

水准仪是建立水平视线测定地面两点间高差的仪器。主要部件有望远镜、管水准器（补偿器）、基座。按读数方式分为光学水准仪和数字水准仪（又称电子水准仪）。相比于光学水准仪，电子水准仪具有测量精度高、操作简便、测量效率高等优点，因此更适用于精度要求较高的城市轨道交通监测项目，水准仪如图 3.3-6 所示。

图 3.3-6　水准仪

3.3.3.3 深层水平位移

岩土体及围护结构的深层水平位移监测是在岩土体中钻孔埋设或围护结构中预埋测斜管，通过测斜仪监测各深度处水平位移的方法。

深层水平位移监测常用仪器设备为测斜仪和测斜管，测斜仪是一种测量钻孔、基坑、地基基础、墙体和坝体坡等工程构筑物的顶角或倾角的仪器。通过测斜仪探头，连接电缆、滑轮装置和读数仪来监测测斜管的倾角变化量推算变形量，测斜仪如图 3.3-7 所示。

3.3.3.4 地下水位

地下水位监测常通过钻孔设置水位监测井，采用水位计进行测量。水位计由测头，钢尺电缆，接收系统和绕线盘等组成。地下水位监测是监控地下水位变化的最直接手段，根据监测到的水位变化可及时采取应对措施，预防事故发生。

地下水位监测常用仪器设备为钢尺水位计，如图 3.3-8 所示。钢尺水位计主要由测头、钢尺电缆、接收系统和绕线盘组成。

图 3.3-7　测斜仪　　　　　　　　　图 3.3-8　钢尺水位计

3.3.3.5 支撑轴力

采用振弦式频率读数仪进行读数,轴力(内力)监测实景图如图3.3-9所示。

图3.3-9 轴力(内力)监测实景图

3.4 各测项控制值及预报警值的设置原则

3.4.1 监测项目报警值确定原则

监测报警是建设工程实施监测的目的之一,是预防建设工程事故发生、确保工程自身及周边环境安全的重要措施。监测报警值是监测工作的实施前提,是监测期间对基坑工程正常、异常和危险三种状态进行判断的重要依据,因此建设工程监测必须确定监测报警值。

监测项目的累计变化量反映的是监测对象即时状态与危险状态的关系,而变化速率反映的是监测对象发展变化的快慢。过大的变化速率,往往是突发事故的先兆。因此,监测项目报警值应由两部分控制,即总允许变化量和单位时间内允许变化量(允许变化速率)。

3.4.2 预警值确定原则

(1)应根据各工点的地质情况和周边环境来确定相应的预警值。
(2)满足现行的相关规范、规程要求。
(3)满足设计计算的要求。
(4)满足监测对象的安全要求,达到保护的目的。
(5)满足环境和施工技术的要求,以实现对环境的保护。
(6)满足各保护对象主管部门提出的要求。
(7)在保证安全的前提下,综合考虑工程质量和经济等因素,以达到降低工程造价的目的。

3.4.3 预警分类与分级

为加强施工过程中安全风险的监控、反馈和管理,施工过程中工程风险安全状态的预警分为监测预警、巡视预警和综合预警三类，监测预警判别依据一览表如表 3.4-1 所示。

监测预警判别依据一览表　　　　表 3.4-1

序号	分类	分级	判定依据
1	监测预警	黄色监测预警	"双控"指标（变化量、变化速率）均超过监控量测控制值的 70%，或双控指标之一超过监控量测控制值的 85%
		橙色监测预警	"双控"指标均超过监控量测控制值的 85%，或双控指标之一超过监控量测控制值
		红色监测预警	"双控"指标超过监控量测控制值，或实测变化速率出现急剧增长
2	巡查预警	—	施工过程中通过巡查，发现安全隐患或不安全状态而进行的预警。按严重程度由小到大分为三级：黄色巡查预警、橙色巡查预警和红色巡查预警
3	综合预警	—	施工过程中根据现场参与各方的监测、巡查信息，并通过核查、综合分析和专家论证等，及时综合判定出工程风险不安全状态而进行的预警。综合预警分级按严重程度由小到大分为三级：黄色综合预警、橙色综合预警和红色综合预警

3.5 监测项目控制值及预报警值的有关行业标准规定

3.5.1 相关标准规定

《城市轨道交通结构安全保护技术规范》CJJ/T 202—2013 相关规定。

监测预警等级划分及相应监测比值一览表如表 3.5-1 所示。

监测预警等级划分及相应监测比值一览表　　　　表 3.5-1

监测预警等级	监测比值
A	$G<0.6$
B	$0.6 \leqslant G<0.8$
C	$0.8 \leqslant G<1.0$
D	$1.0 \leqslant G$

注：监测比值 G 为监测项目实测值与结构安全控制指标值的比值。

监测预警等级，应结合城市轨道交通结构监测数据的变化速率值进行划分，当每天的变化速率值连续 3d 超过 2mm 时，监测预警等级应评定为 C 级。

3.5.2 浙江省标准的相关规定

《城市轨道交通结构安全保护技术规程》DB33/T 1139—2017 相关规定：

（1）外部作业实施前，应根据外部作业特点及其环境影响机理、轨道交通结构类型及其安全保护等级、安全评估成果等编制轨道交通结构监测方案，并符合《城市轨道交通结构安全保护技术规范》CJJ/T 2020—2013、《城市轨道交通工程监测技术规范》GB 50911—2013、《城市轨道交通工程测量规范》GB 50308—2017、《建筑变形测量规范》JGJ 8—2016、《工程测量标准》GB 50026—2020 等规范的相关要求。

（2）轨道交通结构监测项目应能反映外部作业对轨道交通结构安全影响的重要变化，

并符合附录 G 的要求。

（3）当外部作业需进行爆破时，应监测轨道交通结构的振动速度。

（4）监测点的布设及监测仪器应符合附录 H 的要求。

（5）轨道交通结构的监测频率，应能系统反映监测对象所测项目的重要变化过程及其变化时刻，并符合下列规定：

1）外部作业的轨道交通结构安全保护等级为 A 级，采用自动化监测时，频率不低于 1 次/4h，其余情况不低于 1 次/d。

2）外部作业的轨道交通结构安全保护等级为 B 级，采用自动化监测时，频率不低于 1 次/6h，其余情况不低于 1 次/2d。

3）当监测数据达到二级及以上监测预警等级时，应提高监测频率。

4）当发现轨道交通结构有异常情况或外部作业有危险事故征兆时，应进行不间断的实时监测。

（6）监测周期应从外部作业实施前不少于 1 周开始，至外部作业完成、对轨道交通结构的影响停止且监测数据趋于稳定后结束。

（7）监测预警等级划分及建议应对措施一览表如表 3.5-2 所示。

监测预警等级划分及建议应对措施一览表 表 3.5-2

监测预警等级	监测比值 G	建议应对措施
一	$G<0.6$	可正常进行外部作业
二	$0.6 \leqslant G<0.8$	监测报警，并采取加密监测点或提高监测频率等措施，以加强对轨道交通结构的监测
三	$0.8 \leqslant G<1.0$	宜暂停外部作业，进行过程安全评估工作，并根据过程安全评估结果，改进外部作业方案，制定轨道交通结构安全保护措施，开展后续工作
四	$1.0 \leqslant G$	启动安全应急预案

《城市轨道交通结构监测技术规程》DB33/T 1224—2020 控制值的设置如表 3.5-3～表 3.5-5 所示。

盾构法地下区间结构安全控制指标 表 3.5-3

结构安全控制指标控制值	轨道交通结构安全状况			
	Ⅰ类	Ⅱ类	Ⅲ类	Ⅳ类
水平位移（mm）	<5	<8	<14	<20
竖向位移（mm）	<5	<10	<15	<20
相对收敛（mm）	<5	<8	<14	<20
车站与区间交接处差异沉降（mm）	<5	<8	<12	<16

明挖法或暗挖法地下空间结构安全控制指标 表 3.5-4

结构安全控制指标控制值	轨道交通结构安全状况			
	Ⅰ类	Ⅱ类	Ⅲ类	Ⅳ类
水平位移（mm）	<5	<10	<15	<20
竖向位移（mm）	<5	<10	<15	<20
相对收敛（mm）	<5	<8	<14	<20
车站与附属结构交接处差异沉降（mm）	<5	<8	<12	<16

高架及地面结构安全控制指标 表 3.5-5

结构安全控制指标控制值		轨道交通结构安全状况			
		Ⅰ类	Ⅱ类	Ⅲ类	Ⅳ类
水平位移（mm）		<5	<10	<15	<20
竖向位移（mm）	高架	<5	<10	<15	<20
	地面结构	<10	<15	<20	
车站与附属结构交接处差异沉降（mm）		<5	<8	<12	<16
相邻柱基沉降差（mm）		$<0.0003L_b$	$<0.0005L_b$	$<0.001L_b$	$<0.0015L_b$

注：L_b 为相邻柱基的中心距离（mm）。

外部作业的轨道交通结构安全保护等级为 A 级时，结构安全控制指标值应根据轨道交通结构现状评估结果确定；外部作业的轨道交通结构安全保护等级为 B 级，轨道交通安全状况为Ⅰ类、Ⅱ类时，结构安全控制指标值应根据轨道交通结构现状评估结果确定；轨道交通安全状况为Ⅲ类、Ⅳ类时，结构安全控制指标值宜根据轨道交通结构现状评估结果确定。

原则上当出现下列情况之一时，应加强监测，提高监测频率，并及时向委托方及相关单位报告以下监测结果：

（1）监测数据达到报警值。
（2）监测数据变化量较大或者速率加快。
（3）存在勘察中未发现的不良地质条件。
（4）超深、超长开挖或未及时加撑等未按设计施工。
（5）基坑及周边大量积水、长时间连续降雨、市政管道出现泄漏。
（6）基坑附近地面荷载突然增大或超过设计限值。
（7）支护结构出现开裂。
（8）周边地面出现突然较大沉降或严重开裂。
（9）邻近的建（构）筑物出现突然较大沉降、不均匀沉降或严重开裂。
（10）基坑底部、坡体或支护结构出现管涌、渗漏或流沙等现象。
（11）基坑工程发生事故后重新组织施工。
（12）出现其他影响基坑及周边环境安全的异常情况。

3.5.3 其他有关地方标准规定

3.5.3.1 上海地铁变形控制标准

城市轨道交通结构安全控制标准如表 3.5-6 所示。

城市轨道交通结构安全控制标准 表 3.5-6

序号	安全控制标准	预警值	控制值
1	隧道水平位移	<10mm	<20mm
2	隧道竖向位移	<10mm	<20mm
3	隧道径向位移	<10mm	<20mm
4	隧道变形曲率半径	—	>15000m
5	隧道变形相对曲率	—	<1/2500
6	盾构管片张开量	<1mm	<2mm
7	隧道结构外壁附加荷载	—	≤20kPa

3.5.3.2 北京地铁变形控制标准

《工务维修规则》规定整体道床线路轨道静态几何尺寸容许偏差管理值须满足表 3.5-7 的规定。

工务维修规则　　　　　　　　　　　　　　　　表 3.5-7

项目		综合维修（mm）		经常保养（mm）	
		正线	其他线	正线	其他线
轨距		+4，-2	+5，-2	+6，-3	+7，-3
水平		4	5	6	8
高低		4	5	6	8
轨向（直线）		4	5	6	8
三角坑	缓和曲线	4	5	6	8
	直线和圆曲线	4	5	6	8

3.5.3.3 广州地铁变形控制标准

刘庭金根据广州地区地铁建设经验提出了盾构隧道变形控制标准建议值，如表 3.5-8 所示。

（1）盾构隧道变形：采用-16mm 作为沉降行动值，-20mm 作为沉降控制值；采用 ±10mm 作为侧移行动值，±20mm 作为水平方向位移控制值。

（2）盾构中心变形：采用-15mm 作为沉降行动值，-20mm 作为沉降控制值；采用 ±10mm 作为侧移行动值，±15mm 作为水平方向位移控制值。

盾构隧道变形控制标准建议值　　　　　　　　　　表 3.5-8

项目	Ⅰ级	Ⅱ级	Ⅲ级	Ⅳ级
轨距	+12，-6	+6，-8	+24，-10	+28，-12
水平	12	16	22	25
高低	12	16	22	26
轨向（直线）	10	14	22	23
三角坑	10	12	16	18

（3）盾构隧道收敛：采用±15mm 作为收敛行动值，±20mm 作为收敛控制值。

（4）盾构隧道变形曲率：建议采用螺栓极限应力状态即管片环缝张开增量 1.36mm 所对应的曲率半径 5000m 作为行动值；建议采用螺栓极限应力状态即管片环缝张开增量 2.00mm 所对应的曲率半径 3000m 作为控制值。

3.5.4 地铁侧基坑监测报警值建议值

地铁侧基坑监测报警值建议值详见表 3.5-9。

地铁侧基坑监测报警值建议值　　　　　　　　　　表 3.5-9

量测项目	报警值	
	累计值	变化速率
深层土体水平位移	20mm	连续 3d 大于 2mm
墙体水平位移	15mm	5mm/d 或连续 3d 大于 2mm
地下水位	0.5m/d	

续表

量测项目	报警值	
	累计值	变化速率
地表沉降	30mm	5mm/d 或连续 3d 大于 3mm
支撑内力	第一道 5000kN；第二道 7000kN	

注：报警值最终按通过报审的基坑监测方案执行。

3.6 病害调查及记录

依据相关要求，调查范围为地铁既有线保护区（车站、区间隧道、附属结构、风亭等）项目安全评估、现状调查。调查需综合考虑现行相关规范及相关地铁管理部门要求，包括以下内容：

（1）管片的全断面扫描，隧道的椭圆度情况。
（2）管片开裂情况，包括裂缝宽度、裂缝是否贯通，有无出现钢筋裸露。
（3）结构连接件密封件的完整性、渗漏水情况。
（4）管片接缝张开量和错台量。
（5）盾构隧道内有无漏泥沙。
（6）其他损伤及破坏。

病害调查内容如表 3.6-1 所示。

病害调查内容　　表 3.6-1

序号	调查位置	类型	
1	隧道	渗漏水	湿迹
			渗水
			滴漏
			漏泥沙
		管片损伤	裂缝
			缺角
			缺损
		管片错台	
		管片环缝张开量	
		道床与管片脱开	
		隧道几何尺寸测量	
2	车站	渗漏水	湿迹
			渗水
			滴漏
			漏泥沙
3	附属结构设施	渗漏水	湿迹
			渗水
			滴漏
			漏泥沙
		主体附属结构施工缝两侧 1m 范围内的裂缝	
4	高架结构	墩台、支座、桥面等结构的裂缝	

3.7 不同工程对应保护区内监测项目选用建议

3.7.1 基坑工程

基坑工程通常是地铁保护区最常见的一类施工，涉及的工序较多，施工影响时间长，作业影响范围广，易对周围岩土体造成明显的扰动，进而影响邻近地铁隧道、车站等重要待保护结构的安全。因此，基坑施工全过程中，通常需要对基坑本体及邻近地铁结构进行有效的监测。结合多个地铁保护区施工案例，以及行业标准《城市轨道交通结构安全保护技术规范》CJJ/T 202—2013 的相关规定，通常基坑工程的监测项目设置如表 3.7-1 所示。

基坑工程的监测项目设置　　　　表 3.7-1

序号	监测类别	监测对象	监测内容
1	地铁结构	地下车站、高架段墩柱、附属出入口、附属风亭、地下隧道、U形槽、出入段、车辆段等	竖向位移
2			水平位移
3		地下车站、地下隧道、U形槽等	相对收敛
4		地下隧道	变形缝张开量、裂缝
5		地下车站、地下隧道等	道床与轨道变位
6	基坑本体	坑外岩土体	地下水水位
7			土体深层水平位移
8		基坑支护结构	支护结构顶部水平位移
9			支护结构顶部竖向位移
10			支护结构深层水平位移
11			支护结构内力
12		其他监测项目（孔隙水压力、岩土压力、结构应力等）	

一般对基坑工程保护区内的监测项目要求如下：
（1）监测项目的选择需要结合外部作业影响等级而定。
（2）对于特级、一级基坑，以及有特殊要求的项目，一般对地铁结构采取自动化监测。
（3）一般只针对邻近地铁结构一侧，由专业的地铁保护监测单位进行基坑复核监测；对于距离较远或超出保护区范围的基坑侧，一般由建设单位委托监测单位进行日常的基坑监测。

3.7.2 穿越工程

城市轨道交通的大规模建设必然带来各条线路的交叉换乘问题，产生很多节点车站和区间隧道的穿越。例如杭州地铁 5 号线的设置有 40 座地下车站，其中有 16 个换乘站，可与 1 号线、2 号线、6 号线、机场线等地铁线路换乘。依据北京地区规划，2050 年交通规划图中，节点车站和地铁区间穿越段的数目多达 118 处。新建地铁隧道以及大量的城市过街通道、大直径的综合管廊与地下管道的穿越施工，对既有运营地铁线路的安全无疑是一个巨大的挑战。

新建隧道施工穿越既有地铁线路通常包括正交和斜交两种形式，近距离穿越既有地铁结构（如隧道、地下车站、附属出入口或风亭等）时，特别是新建隧道开挖面在隧道附近推进时，必然会引起既有地铁结构的变形。如果开挖面失稳则会造成既有结构的严重变形甚至是破坏，影响其正常使用。因此，对既有地铁线路的穿越施工（新建隧道、大直径的综合管廊或地下管道等），通常需要对穿越工程本体及邻近地铁结构进行有效的监测。结合多个地铁保护区施工案例，以及行业标准《城市轨道交通结构安全保护技术规范》CJJ/T 202—2013的相关规定，穿越工程的监测项目设置如表3.7-2所示。

穿越工程的监测项目设置　　　表 3.7-2

序号	监测类别	监测对象	监测内容
1	地铁结构	地下车站、高架段墩柱、附属出入口、附属风亭、地下隧道、U形槽、出入段、车辆段等	竖向位移
2			水平位移
3		地下车站、地下隧道、U形槽等	相对收敛
4		地下隧道	变形缝张开量、裂缝
5		地下车站、地下隧道等	道床与轨道变位
6	穿越工程本体（新建隧道、大直径的综合管廊或地下管道等）	周围岩土体	地下水水位
7			土体深层水平位移
8			土体分层竖向位移
9		穿越工程支护结构	竖向位移
10			水平位移
11			相对收敛
12			支护结构内力
13		其他监测项目（孔隙水压力、岩土压力、结构应力等）	

一般对穿越工程的保护区内的监测项目要求如下：
（1）监测项目的选择需要结合外部作业影响等级而定。
（2）穿越工程施工期间一般采用自动化手段对既有盾构法隧道进行保护性监测。

3.7.3 桩基工程

随着轨道交通工程的大规模建设，地铁沿线保护区越来越多的建筑物（如居民楼、商业楼等）、构筑物（高架桥、人行天桥等）毗邻地铁而起。一般来讲，对于隧道附近的桩基，为避免打入桩的挤土、振动效应，都是采用钻孔灌注桩的形式，在桩基施工完毕，桩基础逐步承担上部荷载，在垂直荷载的作用下，桩基础会产生竖向位移，并且带动周围土体的竖向及水平变形，对于距离桩基础较近的运行隧道会产生附加的变形及应力。而成型地铁隧道往往所能承受的附加变形非常小，因此紧邻地铁的新建建筑物、桥梁桩基对既有地铁的影响已经成为广泛关注的问题。

根据相关统计，上海地区中高层建筑的实测沉降多在－200～－50mm（短桩基础除外），而上海地铁隧道的主要控制标准为：
（1）隧道上方新增附加荷载小于或等于20kPa。
（2）隧道总位移（竖向、水平位移）小于或等于20mm。
（3）隧道曲率半径大于15000m。

(4) 相对弯曲小于或等于 1/2500。

因此,桩基施工全过程中,通常需要对桩基工程本体及邻近地铁结构进行有效的监测。结合多个地铁保护区施工案例,以及行业标准《城市轨道交通结构安全保护技术规范》CJJ/T 202—2013 的相关规定,通常桩基工程保护区内监测项目设置如表 3.7-3。

桩基工程保护区内监测项目设置　　　表 3.7-3

序号	监测类别	监测对象	监测内容
1	地铁结构	地下车站、高架段墩柱、附属出入口、附属风亭、地下隧道、U形槽、出入段、车辆段等	竖向位移
2	地铁结构	地下车站、高架段墩柱、附属出入口、附属风亭、地下隧道、U形槽、出入段、车辆段等	水平位移
3	地铁结构	地下车站、地下隧道、U形槽等	相对收敛
4	地铁结构	地下隧道	变形缝张开量、裂缝
5	地铁结构	地下车站、地下隧道等	道床与轨道变位
6	桩基工程本体	周围岩土体	地下水水位
7	桩基工程本体	周围岩土体	土体深层水平位移
8	桩基工程本体	周围岩土体	土体分层竖向位移
9	桩基工程本体	桩基基坑支护结构	支护结构顶部水平位移
10	桩基工程本体	桩基基坑支护结构	支护结构顶部竖向位移
11	桩基工程本体	桩基基坑支护结构	支护结构深层水平位移
12	桩基工程本体	桩基基坑支护结构	支护结构内力
13	桩基工程本体	桩基墩柱	竖向位移

一般对桩基工程的保护区内的监测项目要求如下:
(1) 监测项目的选择需要结合外部作业影响等级而定。
(2) 桩基施工一般对邻近盾构法隧道影响最为显著,通常采用自动化手段对既有盾构法隧道进行保护性监测。

3.7.4 地面加载/卸载工程

软土的固有特性决定了处于软土中的既有地铁隧道易受到地表活动的影响,《上海市轨道交通管理条例》规定,在轨道交通保护区范围内进行大面积的加载/卸载,其方案要通过相关部门审核并采取相应的安全防护措施。由于城市道路的地面施工速度往往较快,在既有隧道上方的突发堆载/卸载情况往往发现不及时,进而导致对地铁结构的严重影响。2008 年 12 月,上海某地铁区间盾构隧道上方地面突发大量堆土,最高达 7m,引发严重且密集的渗漏水与结构病害,部分衬砌环甚至出现了顶部混凝土掉块脱落及螺栓断裂现象。根据相关统计,仅 2014 年,上海地铁沿线突发堆土多达 16 次,引起隧道结构各类安全问题,尤其是盾构隧道管片产生过量变形,进而引发渗漏水、管片开裂、道床脱开等病害,其中渗漏水还会进一步加剧隧道结构的变形。

因此,地面的道路施工,尤其是盾构隧道上方的加载/卸载施工,通常需要进行有效的监测。结合多个地铁保护区施工案例,以及《城市轨道交通结构安全保护技术规范》CJJ/T 202—2013 的相关规定,通常隧道上方加载/卸载施工的保护区内监测项目设置如表 3.7-4 所示。

3 城市轨道交通保护区内变形控制指标及监测项目选用指南

隧道上方加载/卸载施工的保护区内监测项目设置　　　　表 3.7-4

序号	监测类别	监测对象	监测内容
1	盾构法隧道	隧道管片	竖向位移
2			水平位移
3			相对收敛
4			变形缝张开量、裂缝
5			道床与轨道变位
6	地面施工	周围岩土体	地下水水位
7			土体深层水平位移
8			土体分层竖向位移

一般对地面加载/卸载工程的保护区内的监测项目要求如下：

（1）监测项目的选择需要结合外部作业影响等级而定。

（2）作业影响等级为特级或一级的项目一般采用自动化手段对既有盾构法隧道进行保护性监测。

4 城市轨道交通保护区监测项目作业

4.1 城市轨道交通监测作业原则

城市轨道交通工程的运营特点、结构特点决定了当轨道交通结构在受到外部作业影响时，会加剧结构变形，导致轨道交通结构沉降、弯曲和扭曲变形、开裂、变形缝的扩展和错动，造成结构性能指标下降。因此，为了确保轨道交通结构的安全，进行轨道交通结构保护监测是非常必要的。为了保障数据能真实有效反应受外部作业影响的城市轨道交通区域的变形，监测作业应遵循以下几个原则：

（1）监测单位应根据外部作业的影响特征、外部作业影响等级、轨道交通结构类型及现状、轨道交通结构安全保护要求和外部作业实施前所开展的安全评估成果编制保护区监测方案并进行专家评审论证。

（2）按照监测方案布设基准点、工作基点、监测点及自动化监测设备，点位布设不得影响轨道交通的运营及结构安全，且应在明显位置设置监测标识。

（3）监测项目的初始值应在监测点埋设稳定后及时采集，应将连续测量不少于 3 次的稳定监测数据的平均值作为初始值。

（4）在采集监测初始值的同时，应对轨道设施进行初始状态调查及结构检测。调查及检测范围应包含整个监测区域，不得缺漏。

（5）外部作业实施前，监测单位采集完监测数据初始值和完成轨道交通结构初始状态调查后，应形成纸质版监测初始值报告和初始状态调查报告，经各业务关联方审核同意并签字盖章。

（6）按照监测方案布设基准点、工作基点、监测点及自动化监测设备，不得影响轨道交通的运营及结构安全，且应在明显位置设置监测标识。

（7）日常监测应采用相同的监测网形、监测路线、监测方法和数据处理方法，并宜固定监测人员、仪器和方法。

（8）当采用新技术、新方法代替传统方法时，应进行新技术、新方法与传统方法的试验性对比验证，其精度不应低于所代替方法的精度要求。

4.2 人工监测项目监测作业

人工监测项目一般为小型或者风险较低的项目，其监测频率采用人工监测即可满足，相对于自动化监测项目，其监测频率可放宽到 1~2 次/周。

4.2.1 人工竖向位移

4.2.1.1 监测点布设位置

1. 盾构区间沉降监测点布设

一般项目正影响区盾构隧道道床上 5 环布设一个监测断面、外延区域 10 环布设一个监测断面；特殊项目（上跨、下穿、高风险项目）视情况确定，盾构隧道沉降监测点布设示意图如图 4.2-1 所示。

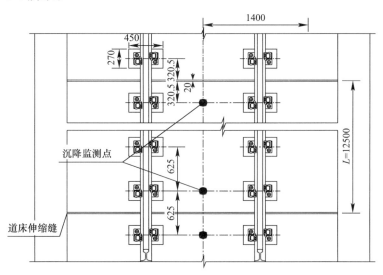

图 4.2-1 盾构隧道沉降监测点布设示意图

2. 车站、明挖矩形隧道、明挖 U 形槽结构沉降监测点布设

一般项目正影响区车站、矩形段及 U 形槽 10m 布设一个监测断面、外延区域车站、矩形段及 U 形槽 15m 布设一个监测断面；特殊项目（上跨、下穿、高风险项目）视情况确定，地下车站主体结构、明挖矩形隧道、明挖 U 形槽结构沉降监测点布设示意图如图 4.2-2 所示。

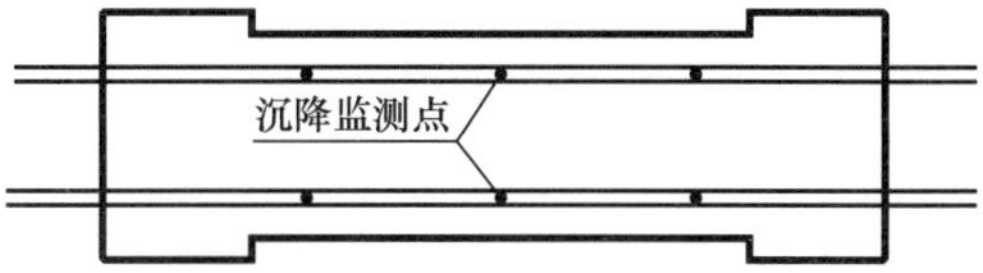

3. 高架段沉降监测点布设

一般项目正影响区高架段简支梁每跨梁按上、下行等距布设 5 个沉降监测点，两端各 1 个、中间等距布设 3 个；连续梁在每跨梁分上、下行两端各布设一点，中间每 5m 布设 1

图 4.2-2 地下车站主体结构、明挖矩形隧道、明挖 U 形槽结构沉降监测点布设示意图

个沉降监测点，监测点一般埋于轨枕上，并在跨中位置的梁体结构加设一个监测点，监测点上、下行线必须布设在同一横断面上；高架段在每柱桥墩上布设 1 个沉降监测点，分别布设在桥墩柱两侧，距地面高约 0.3m，如图 4.2-3～图 4.2-5 所示。

4. 车站出入口及风亭等附属结构沉降监测点布设

车站出入口及风亭若在项目影响区域内，应在出入口及风亭每个角点处布设 1 个沉降监测点，由于出入口的特殊性，不可在出入口范围内埋入人工沉降钉，也不可画油漆示意，需由监测人员选择出入口楼梯特征点进行立尺观测。风亭可视现场条件涂画油漆进行标记，但不可埋入人工沉降钉。出入口布点时需与车站结构布设 1 对差异沉降点，出入口沉降位移监测点布设示意图如图4.2-6所示。

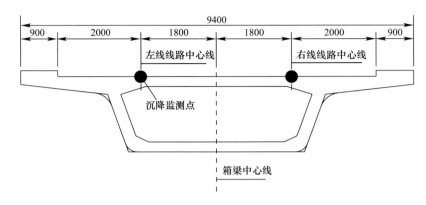

图4.2-3 高架段桥梁沉降监测点布设剖面图

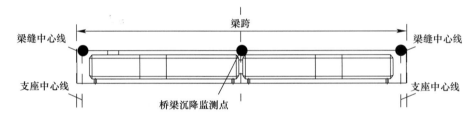

图4.2-4 高架段桥梁沉降监测点布设平面图

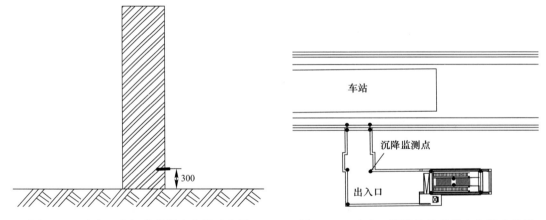

图4.2-5 高架立柱沉降监测点布设示意图　　图4.2-6 出入口沉降位移监测点布设示意图

5. 联络通道沉降监测点布设

项目影响区域内每个联络通道布设两个竖向位移监测点，且和联络通道中心相交的隧道中心处应布设一个竖向位移监测点，便于监测联络通道和隧道的差异沉降值，联络通道沉降监测点布设示意图如图4.2-7所示。

6. 差异沉降监测点布设

项目影响区域内车站结构、明挖矩形隧道与区间盾构隧道交接处、明挖结构和隧道变形缝处两侧道床轨道中间各布设一个监测点，左、右线各布设1对，每座车站共布设4对。U形槽结构与地面段交接处差异沉降监测点布设示意图如图4.2-8所示。

4.2.1.2 监测点的监测标志及埋设方法

沉降监测点标志的埋设,一般采用100mm长的不锈钢道钉,埋入待测结构上(道床、隧道管片等)。标志的一头磨圆,露出约5mm。布设于结构上的沉降监测点,可用电钻先开孔,再打入,加入植筋胶予以稳固,沉降监测点埋设实景图如图4.2-9所示。

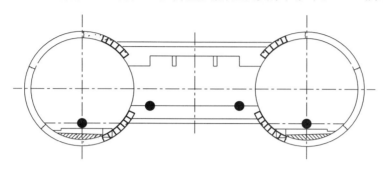

图 4.2-7 联络通道沉降监测点布设示意图

图 4.2-8 U形槽结构与地面段交接处
结构差异沉降监测点布设示意图

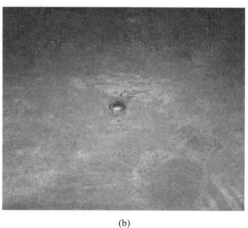

(a)　　　　　　　　　　　　　(b)

图 4.2-9 沉降监测点埋设实景图
(a)监测点材料图;(b)布设后现场图片

4.2.1.3 监测作业流程

1. 作业前准备(包含工具准备、仪器预热、i角检测)

作业前需由外业组长对本次外业测量成员进行安全技术交底。交底内容包含本次作业内容、测量方式、安全注意事项等。出发前对本次测量需携带的工器具逐一清点,以防漏带工具。到达现场在下轨前,需对仪器进行预热并检校仪器,如水准仪i角检查、测距仪读数确定等。

2. 高程控制网监测

（1）深桩点与车站基准点联测

每个设施保护监测项目应按照监测方案要求进行深桩点与车站工作基点联测（联测频率一般为1次/月），以保证车站工作基点的稳定性，深桩点现场布设图如图4.2-10所示。

1）监测主要技术指标

依据《城市轨道交通工程测量规范》GB/T 50308—2017中相关技术要求，垂直沉降监测控制网、水准监测的主要技术要求应符合表4.2-1、表4.2-2要求。

图 4.2-10 深桩点现场布设图

垂直沉降监测控制网主要技术要求　　　　表 4.2-1

等级	相邻基准点高差中误差（mm）	测站高差中误差（mm）	往返较差、附合或环线闭合差（mm）	检测已测高差之较差（mm）
Ⅱ	±0.5	±0.15	$±0.30\sqrt{n}$	$0.4\sqrt{n}$

注：n 为测站数。

水准监测主要技术要求　　　　表 4.2-2

等级	仪器型号	水准尺	视线长度（m）	前后视距差（m）	前后视距累计差（m）	视线离地面最低高度（m）	基辅分划读数较差（mm）	基辅分划读数所测高程较差（mm）
Ⅱ	DS05	铟瓦	≤30	≤0.5	≤1.5	0.3	≤0.3	≤0.4

其中表4.2-1技术标准针对从车站上方地面通过出入口测至车站道床部分，表4.2-2技术标准针对从深桩点测至车站上方地面部分。

2）测量路线

从地面深桩点出发联测至车站上方临时转点（转点应选择在稳定区域，且不能少于3个），再返回深桩点，水准路线为往返水准路线。再由临时转点以往返测的形式联测车站左（右）线道床共6个（单边各3个）较为稳定的长期运营监测点，以此来检核车站基准点与深桩点相互稳定性。

3）数据采集要求

① 深桩点联测初始测量时应采集3遍以上，且各次高程值互差应不大于2mm。

② 监测至少应做到三固定，即固定人员、固定仪器、固定测站。

③ 每测段往测和返测的测站数均应为偶数，否则应加入标尺零点差改正。

④ 由往测转向返测时，两标尺应互换位置，并应重新整置仪器。

⑤ 完成闭合路线时，应注意电子记录的闭合或附合差情况，确认合格后方可完成测量工作，否则应查找原因直至返工重测合格。

⑥ 频率至少满足1次/月。

（2）相邻车站基准点联测

1）监测主要技术指标

依据《城市轨道交通工程测量规范》GB/T 50308—2017中相关技术要求，水准监测的主要技术要求应符合如表4.2-3所示的水准监测主要技术要求。

水准监测主要技术要求　　　　　表4.2-3

等级	仪器型号	水准尺	视线长度（m）	前后视距差（m）	前后视距累计差（m）	视线离地面最低高度（m）	基辅分划读数较差（mm）	基辅分划读数所测高程较差（mm）
I	DS05	铟瓦	≤15	≤0.3	≤1.0	0.5	≤0.3	≤0.4

2）测量方法

根据各个地铁设施保护区影响区域的不同，我们应选取保护区施工影响范围外延范围之外的较近车站里面的至少3个稳定性较好的长期运营监测点作为基准点，较为常见的有以下两种情况。

① 监测区域位于地铁隧道内的车站基准点联测，区间保护区施工基准点联测示意图如图4.2-11所示。

图4.2-11　区间保护区施工基准点联测示意图

基准点可选A、B两相邻车站内长期运营监测点（每车站单边不少于3个），采用附合水准路线从车站A基准点测至车站B基准点。

② 监测区域位于地铁车站内的车站基准点联测，邻近车站保护区施工基点联测示意图如图4.2-12所示。

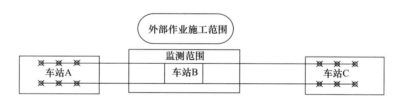

图4.2-12　邻近车站保护区施工基准点联测示意图

基准点可选在车站A、车站C内长期运营的监测点（每车站单边不少于3个），车站B远离保护区可选做工作基点。测量方式为采用附合水准路线从车站A基准点测至车站C基准点。如车站B全部位于监测影响区内，则附合水准路线应从车站A基准点测至车站C基准点。

3）数据采集要求

① 车站基准点联测初始值应采集3遍以上，且每次高程值较差应不大于2mm。
② 监测至少应做到三固定，即固定人员、固定仪器、固定测站。
③ 每测段往测和返测的测站数均应为偶数，否则应加入标尺零点差改正。
④ 由往测转向返测时，两标尺应互换位置，并应重新整置仪器。

⑤ 完成附合路线时,应注意电子记录的闭合或附合差情况,确认合格后方可完成测量工作,否则应查找原因直至返工重测合格。

⑥ 频率至少满足 1 次/月。

(3) 保护区内沉降监测

1) 监测主要技术指标

依据《城市轨道交通工程测量规范》GB/T 50308—2017 中相关技术要求,水准监测的主要技术要求见表 4.2-4。

水准监测的主要技术要求　　　　　　表 4.2-4

等级	仪器型号	水准尺	视线长度(m)	前后视距差(m)	前后视距累计差(m)	视线离地面最低高度(m)	基辅分划读数较差(mm)	基辅分划读数所测高程较差(mm)
I	DS05	钢瓦	≤15	≤0.3	≤1.0	0.5	≤0.3	≤0.4

2) 测量方法

① 监测区域位于地铁隧道内的道床沉降监测

当保护区监测区域只处于隧道区域内,道床沉降可采用两种方式进行测量:a. 当区间隧道较短时,可采用附合水准路线从车站 A 基准点测至车站 B 基准点。将区间整 50 环沉降点作为转点,监测区域内其他点采用碎部测量方式进行。b. 当区间较长时,由于隧道作业的特殊性当晚可能无法测完整个区间,此时可采用闭合水准路线进行,即当监测区域靠近车站 A 时,可从车站 A 基准点出发将整 50 环沉降点作为转点,保护区监测区域其余点作为碎部测量方式进行,待将保护区所有沉降点测量完成后闭合至车站 A 基准点。

② 监测区域位于地铁车站内的道床沉降监测

保护区监测区域只处于车站区域内,道床竖向位移可采用两种方式进行测量:一是当保护区监测区域覆盖整个车站或车站端头距离最近监测点不足 150m 时,基准点必须从邻近车站选取,采用闭合水准路线形式进行;二是当保护区监测区域未覆盖整个车站且车站端头距离最近监测点大于 150m 时,可选取该车站端头工作基点采用闭合水准路线测量方式进行测量,测量中应将车站所有长期运营监测点全部测量,以便后期进行数据比对。

③ 监测区域位于高架段沉降监测

如监测区域包含高架段,则高架段车站及区间测量方法同上。高架桥墩监测应视情况而定:a. 如该高架段附近有深桩点,则直接由深桩点作为起算点用于监测桥墩沉降点;b. 如深桩点离高架段较远,则应离开监测区域外 100m 位置选取 3 个稳定工作基点,先由深桩点测至这 3 个工作基点,再选取其中 1 个工作基点作为起算点测量桥墩沉降点,3 个工作基点每月至少与深桩点联测 1 次,如每次联测出的高程小于±2mm,则 3 个工作基点可保持初始高程不变。

④ 车站出入口及风亭沉降监测

如监测区域包含车站出入口及风亭,测量方法与高架段桥墩一样:a. 如该车站附近有深桩点,则直接由深桩点作为起算点用于监测出入口及风亭沉降点;b. 如深桩点离车站较远,则应离开监测区域外 100m 位置选取 3 个稳定工作基点,先由深桩点测至这 3 个工作基点,再选取其中 1 个工作基点作为起算点测量桥墩沉降点,3 个工作基点每月至少与深桩点联测 1 次,如每次联测出的高程小于±2mm,则 3 个工作基点可保持初始高程不变。

4.2.1.4 内业处理

1. 数据处理总体原则

水准测量的内业计算,应符合下列规定:

(1) 成果平差先检核输入的监测数据,确认监测数据准确可靠,检核合格后选择严密平差的计算方法。

(2) 使用稳定的基准点为起算点进行概算,并检核独立闭合差及与 3 个以上的基准点高程相互附合差满足精度要求条件,之后进行平差处理。

(3) 计算取位,高差中数取至 0.1mm;高程取至 1.0mm。

(4) 水准网的数据处理应进行严密平差,并应计算每千米高差偶然中误差、最弱点高程中误差和相邻点的相对高差中误差。

(5) 沉降数据处理同高程控制网数据处理方式一致,采用车站内保护区工作基点为起算点,采用平差软件进行严密平差后方可得出各监测点高程,精确到 0.1mm。

2. 数据反馈内容

沉降数据应能真实、有效反映地铁设施变形情况,人工沉降监测数据必须包含初始绝对高程、上次绝对高程、本次绝对高程、本次变化量、累计变化量等,并绘制相应曲线图。曲线图的相应变化量可分为按环号、里程分布和按时间分布,根据项目需要进行绘制。

4.2.2 人工水平位移

4.2.2.1 监测点布设位置

1. 水平位移控制网布设

地铁隧道或车站水平位移一般采用高精度全站仪进行测量获取。由于在隧道或车站内导线精度受场地影响较大,所以在设计导线位置时需严格控制。一般测站与测站之间最佳距离为 120m 左右,测站与后视点最佳距离也是 120m 左右。测站左右两侧远离监测区域外的管片位置上各设置 4 个(总共 8 个)后视点。平面控制布置示意图如图 4.2-13 所示。

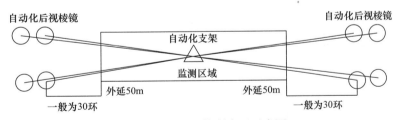

图 4.2-13 平面控制布置示意图

2. 盾构区间水平位移监测点布设

一般项目正影响区盾构隧道道床上 5 环布设一个监测断面、外延区域 10 环布设一个监测断面,棱镜布设位置应与沉降监测点处于同一断面上;特殊项目(上跨、下穿、高风险项目)视情况确定,布点位置示意图可参考图 4.2-1。

3. 车站、明挖矩形隧道、明挖 U 形槽结构水平位移监测点布设

一般项目正影响区车站、矩形段及 U 形槽 10m 布设一个监测断面、外延区域车站、矩形段及 U 形槽 15m 布置一个监测断面,棱镜布设位置应与沉降监测点处于同一断面上;

特殊项目（上跨、下穿、高风险项目）视情况确定，布点位置示意图可参考图4.2-2。

4.2.2.2 监测点的监测标志及埋设方法

水平位移监测点采用小棱镜埋设于待测结构上（道床、隧道管片等），监测点布设时膨胀螺栓应全部伸入道床结构，棱镜架底部必须与道床紧贴，保证稳定牢固，水平位移点埋设实景图如图4.2-14所示。

全站仪监测支架埋设于监测区域隧道管片或者车站侧壁处，支架埋设应保证行车安全，不准倾限，若支架安装在隧道内，仪器支架四个螺栓要在同一块管片上，并与管片拼装螺栓孔和管片块边缘保持一定距离。支架应贴好黄黑胶条，保留项目相关信息，仪器支架埋设实景图如图4.2-15所示。

后视大棱镜需埋设在项目影响区域外，一般距最后一个监测断面40m左右，两侧各埋设4个或以上大棱镜，大棱镜需与监测支架保持约120m距离。大棱镜须粘贴黄黑胶带和监测项目信息条。若大棱镜安装在车站道床位置，须安装大棱镜保护罩，保护罩应粘贴黄黑胶带，后视棱镜埋设实景图如图4.2-16所示。

图4.2-14 水平位移监测点埋设实景图

图4.2-15 仪器支架埋设实景图

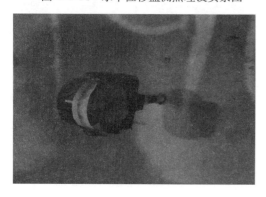

图4.2-16 后视棱镜埋设实景图

4.2.2.3 监测作业流程

1. 作业前准备

作业前需由外业组长对本次外业测量成员进行安全技术交底。交底内容包含本次作业内容、测量方式、安全注意事项等。出发前要对本次测量需携带的工器具逐一清点，以防漏带工具。在现场下轨前，要对仪器进行预热并对全站仪进行检校。

2. 监测作业

在测量小棱镜水平位移前需先测量出平面控制网中各点坐标，按照"先控制，后碎部"方式进行，通过平面控制点坐标再测量出小棱镜坐标从而算出水平位移变化量。

（1）水平位移监测点监测主要技术指标

依据《城市轨道交通工程测量规范》GB/T 50308—2017中相关技术要求，水平位移监测点的技术要求和监测方法需按一等水平位移监测要求执行，如表4.2-5所示。

水平位移监测点的技术要求和监测方法　　　　　　　表 4.2-5

等级	变形监测点的点位中误差（mm）	坐标较差或两次测量较差（mm）	监测方法
Ⅰ	±1.5	2	极坐标法、交会法等、基准线法、投点法以及位移计等

（2）测量方法

1）初始值采集时假设支架坐标为（1000，2000），架设全站仪，对准其中一个后视棱镜方向作为零方向，测量出 8 个后视点坐标。独立监测 2 次，两次水平位移监测较差满足表 4.2-5 的要求。取两次监测值的平均值作为平面控制网初始值。并默认 8 个后视点坐标值从项目开始到结束一直保持不变，后期测站坐标每次采用后方交会形式获取。

2）日常测量时，先采用后方交会法进行仪器定向，然后通过仪器直接获取碎步棱镜的坐标即可。

4.2.2.4　内业处理

水平位移监测按照《城市轨道交通工程测量规范》GB/T 50308—2017 的精度要求进行监测。水平位移监测数据应能真实、有效地反映地铁设施变形情况，一般采取靠近基坑侧的道床棱镜东坐标作为水平位移计算数据。水平位移监测数据必须包含初始平面坐标、上次平面坐标、本次平面坐标、本次变化量、累计变化量等，并绘制曲线图。曲线图的相应变化量可分为按环号、里程分布和按时间分布，根据项目需要进行绘制。

4.2.3　人工水平收敛

4.2.3.1　监测点布设位置

一般项目正影响区盾构隧道 5 环布设一个监测断面，外延区域 10 环布设一个监测断面，收敛布设位置应与沉降监测点处于同一断面上；特殊项目（上跨、下穿、高风险项目）视情况确定，水平收敛变形测点布设图如图 4.2-17 所示。

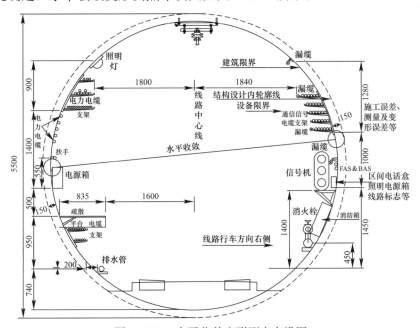

图 4.2-17　水平收敛变形测点布设图

4.2.3.2 监测点的监测标志及埋设方法

隧道水平收敛监测方法一般采用测距法,水平收敛监测点布设在管片中部(不影响地铁营运,便于监测),在疏散通道一侧喷漆做直角标识,另一侧喷漆做十字标识,并用红色油漆等涂料标识。水平收敛监测点的编号应喷涂在隧道左侧壁上,编号与点位应对应,距离轨面约 1.5m 高,收敛监测点布设实景图如图 4.2-18 所示。

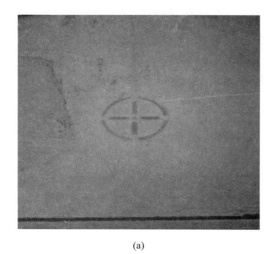
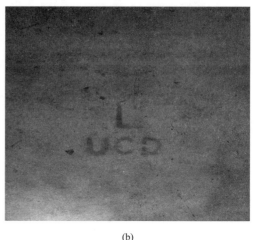

(a)　　　　　　　　　　　　　　　　(b)

图 4.2-18　收敛监测点布设实景图
(a) 激光对照点标志；(b) 激光测距仪放置位置

4.2.3.3 监测作业流程

水平收敛点应对称布设在隧道两腰,在固定位置用红油漆做好标识后,采用激光测距仪进行监测。

对收敛监测三次合格读数取平均值,与初始值相比得出收敛值。

4.2.3.4 内业处理

水平收敛监测数据应能真实、有效反映地铁设施变形情况,水平收敛监测数据必须包含初始管径、上次管径、本次管径、本次变化量、累计变化量等,并绘制曲线图。曲线图的相应变化量可分为按环号、里程分布和按时间分布,根据项目需要进行绘制。

4.2.4 裂缝监测

4.2.4.1 裂缝监测要求

裂缝监测根据《建筑变形测量规范》JGJ 8—2016 有关规定,应对裂缝进行全方位监测,监测内容包括裂缝位置、走向、长度、宽度,必要时应监测裂缝深度。监测仪器采用裂缝宽度监测仪(标称精度：±0.01mm)对裂缝进行监测,裂缝监测仪如图 4.2-19 所示,裂缝标识符号及记录要求,如表 4.2-6 所示。

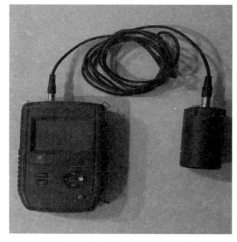

图 4.2-19　裂缝监测仪

4 城市轨道交通保护区监测项目作业

裂缝标识符号及记录要求　　　　　　表 4.2-6

病害	标识符号	符号解释	记录要求
管片损伤	裂缝	表层混凝土裂开	（1）曲线或折线，以裂缝实际线形为依据，当裂缝宽度可量测时，应予以备注； （2）当裂缝较为严重，甚至出现混凝土碎裂现象时，应特别予以备注，并留存详细影像资料

4.2.4.2　内业处理

通过现场调查，记录隧道裂缝情况，并最终形成隧道裂缝调查报告，报告需详细记录损伤位置及现场影像资料等，并最终汇总。

裂缝记录表中需标注所在位置（环号、方向等）。当同一环有多条裂缝时，需对裂缝进行排序。裂缝记录表如表 4.2-7、表 4.2-8 所示。

裂缝记录表（一）　　　　　　表 4.2-7

构件：119			
构件类型：检测			
监测点数：3			
最大缝宽：0.33mm		最小缝宽：0.13mm	平均缝宽：0.21mm
监测点序号	监测点号	缝宽值（mm）	备注
1	001	0.14	
2	002	0.18	
3	003	0.33	

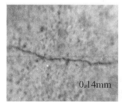

构件 [119] 监测点 [001]

构件 [119] 监测点 [002]

构件 [119] 监测点 [003]

裂缝记录表（二）　　　　　　表 4.2-8

| 环号 | 裂缝编号 | 2021 年 6 月 22 日 | | 方位 |
		缝宽值（mm）	长度（cm）	
119	1	0.14	120	1 点钟
	2	0.18	120	1 点钟
	3	0.33	120	1 点钟

4.2.5 管片接缝挤压、管片错台及道床脱空监测

4.2.5.1 管片接缝挤压、管片错台及道床脱空监测要求

管片接缝宽度应采用电子游标卡尺（精度±0.01mm）（图 4.2-20）监测。初始监测应独立监测两次，两次监测值应在误差允许内。管片接缝变形以两点距离变长为正，反之为负。

管片错台初步判断通过目测进行，对疑似处可通过手触确认，也可将探照灯平贴于管片朝疑似错台处照明，如存在错台现象，则光束在错台处会出现明显明暗对比。错台量可通过钢卷尺（图 4.2-21）进行量测。

图 4.2-20　电子游标卡尺（精度±0.01mm）　　　图 4.2-21　钢卷尺

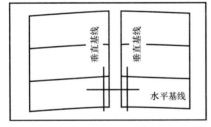

图 4.2-22　管片环缝监测示意图

道床脱空也是通过目视判断，通过手电向脱空处进行照明。将钢尺伸进脱空处量取其深度。

管片环缝监测示意图如图 4.2-22 所示。

4.2.5.2 内业处理

管片接缝、错台及道床脱空应逐环量取并记录，形成记录表。初始监测只需记录其绝对值。过程监测及最终过程应对比初始值，对比调查相应病害数量的增多量及宽度和深度变化。管片接缝、错台及道床脱空记录表如表 4.2-9 所示。

管片接缝、错台及道床脱空记录表　　　　　　表 4.2-9

上行线				下行线			
环号	接缝张开量（mm）	错台（mm）	脱空（mm）	环号	接缝张开量（mm）	错台（mm）	脱空（mm）
80	14.79	7	—	80	—	—	—
81	14.95	—	—	81	—	—	23
82	11.11	—	—	82	—	—	—
83	14.62	—	—	83	—	—	—
84	8.73	—	—	84	—	—	19

4.2.6 结构倾斜监测

4.2.6.1 监测点布设

结构倾斜测量采用全站仪配合反射片进行监测。监测点可布设于结构的底部和上部，

反射片现场埋设图如图4.2-23所示。

图4.2-23　反射片现场埋设图

测量时采用全站仪在两个基本垂直的方向上进行投点作业，分别测出两个方向以上的偏移量，然后用矢量相加的方法得到结构的偏移值。

4.2.6.2　内业处理

结构倾斜监测数据应能真实、有效地反映地铁设施变形情况，内业计算出阶段变化最大值、累积变化最大值，统计预警监测点，编制成果报表，绘制时程曲线。

4.3　自动化监测作业流程

目前轨道交通设施自动化监测主流手段有：全站仪自动测量系统、静力水准仪监测系统和自动化测距仪监测系统。全站仪自动测量系统进行三维坐标采集，可实现实时监测与数据传输；竖向位移变形监测采用静力水准仪监测系统，并定期人工利用水准仪进行复核；水平收敛变形监测采用自动化测距仪监测系统进行。本节就这三种自动化监测系统进行外业安装和测量以及内业数据处理进行重点阐述。

4.3.1　自动化全站仪监测作业流程

4.3.1.1　监测设备安装要求

全站仪自动化监测设备布设基本与人工监测项目中水平位移监测设备布设一致，区别在于自动化监测是全天候实时监测，全站仪需放入隧道或车站内并连接上供电系统和网络系统。地铁隧道或车站自动化监测系统安装对于外业技术人员综合能力要求高，监测单位在安装自动化监测系统时须指派经验丰富的人员进行现场作业，本节对现场安装步骤和相关要求作出以下详细说明：

1. 全站仪支架安装

（1）下轨前，支架斜杆上应贴好黄黑胶带，未粘贴好不可进入轨行区。

（2）当监测区域包含车站和隧道时，支架尽可能安装在隧道位置，必须安装在车站时，应采用较小的仪器支架。

（3）支架应尽可能安装在消防水管一侧，因监测区域处于弯道或其他特殊情况，可以安装在疏散平台一侧。

（4）仪器支架的四个固定螺栓要在同一块管片上，与管片拼装螺栓孔和管片块边缘保持一定距离，仪器、电箱安装图如图 4.3-1 所示。

2. 采集箱安装

（1）采集箱应粘贴标识牌，标识牌上应写明监测项目、监测设备布设范围、监测单位、监测单位联系人及联系方式、地铁运营公司联系人及联系方式、仪器编号及检定日期等。

（2）标识牌应塑封后粘贴于采集箱门上，标识牌四条边用透明胶带粘贴，黄黑胶带应粘贴在采集箱各条边上，粘贴应牢固、美观。标识牌、黄黑胶带未粘贴好不可进入轨行区。

（3）采集箱除自身的门锁以外，应外加一把锁，确保采集箱门关闭。

（4）采集箱紧挨仪器支架安装，一般安装在支架下方，不阻碍仪器监测视线，距离应保证 Y 形电缆足够长度，使其连接到全站仪。

3. 电线走线

（1）电线从 220V 电源控制箱引出后（走线未完成之前不可接通电源），须贴着管片穿越疏散平台，从疏散平台下部支架上走。

（2）电线应拉紧，不可松弛，每个支架上用扎带将电线固定。

（3）电线横穿道床时应紧贴道床，凌空穿越排水沟，电线外应套上硬塑管（或铁管/镀锌管）进行保护，线管应粘贴黄黑胶带。

（4）硬塑管应采用专用卡扣（抱箍）与道床和管片固定，线管须从道床延伸至管片 30cm 以上。

（5）线管需要接长、转弯处应采用配套的转弯接头，不可直接弯折线管（易破），线路安装图如图 4.3-2 所示、线路过轨安装图如图 4.3-3 所示。

4. 大棱镜安装（图 4.3-4）

（1）车站范围内和疏散平台侧不宜布设长杆（长度＞15cm）大棱镜。

（2）大棱镜安装时应架设全站仪，确保监测视线不被遮挡，避免产生废孔。

（3）大棱镜须粘贴黄黑胶带和监测项目信息条。

（4）若大棱镜安装在车站道床位置，须安装大棱镜保护罩，保护罩应粘贴黄黑胶带。

5. 小棱镜安装（图 4.3-5）

（1）监测点布设时膨胀螺栓应全部伸入道床或管片结构，棱镜架底部必须与道床、管片紧贴，保证稳定牢固。

（2）疏散平台侧不可安装长杆（长度＞15cm）小棱镜。

（3）同一断面小棱镜应在同一环布设，且应由同一台仪器监测。

（4）道床上的小棱镜应安装在两轨枕之间，并靠近钢轨，不可离钢轨过远。

4.3.1.2　断面棱镜安装要求

自动化监测盾构隧道断面设置一个水平位移监测点、一组净空收敛监测点、一个隧道

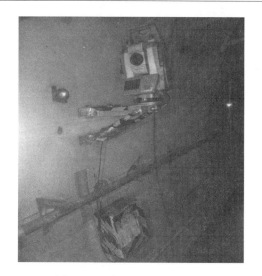

图 4.3-1 仪器、电箱安装图

图 4.3-2 线路安装图

图 4.3-3 线路过轨安装图

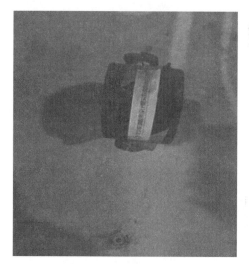

图 4.3-4 大棱镜安装图

图 4.3-5 小棱镜安装图

道床竖向位移监测点、一组轨道差异沉降监测点，盾构隧道监测点布设示意图如图 4.3-6 所示；自动化监测地铁车站断面设置一个水平位移监测点、一个隧道道床竖向位移监测点、一组轨道差异沉降监测点，地铁车站监测点布设示意图如图 4.3-7 所示。

隧道道床沉降监测点、管片水平位移监测点和管片顶部竖向位移监测点都采用 L 形连接件配小规格反射棱镜，用膨胀螺栓紧固于监测位置，棱镜反射面指向测站点。

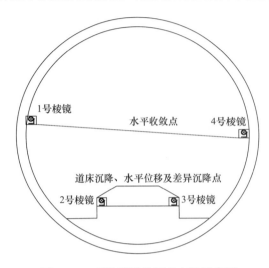

图 4.3-6　盾构隧道监测点布设示意图

图 4.3-7　地铁车站监测点布设示意图

4.3.1.3　内业处理

日常监测平面控制网为系统自动监测平差拟合，因此，本节着重叙述监测数据的处理。

全站仪以固定频率采集碎部点（小棱镜）的三维坐标（北 N、东 E、高 H），自动化监测数据一般提供四大监测项：道床沉降、两轨差异沉降、道床水平位移、隧道水平收敛。日常监测小棱镜坐标为 (N_1, E_1, H_1)，初始值坐标 (N_0, E_0, H_0)。

1. 道床沉降

道床沉降监测数据通过道床上靠外部影响施工区一侧的棱镜高程之差计算所得，道床沉降 $\Delta h = H_1 - H_0$。

2. 两轨差异沉降

两轨差异沉降监测数据通过道床上两个监测棱镜（2号棱镜和3号棱镜）高差之差计算所得，2号棱镜高差 $\Delta h_2 = H_{12} - H_{02}$，3号棱镜高差 $\Delta h_3 = H_{13} - H_{03}$，两轨差异沉降 $\Delta h_{CY} = \Delta h_2 - \Delta h_3$。

3. 道床水平位移

道床水平位移监测数据通过道床上靠基坑侧棱镜东坐标之差计算所得，道床水平位移 $\Delta E = E_1 - E_0$。

4. 隧道水平收敛

隧道水平收敛监测数据建议通过管片上两个监测棱镜（1号棱镜和4号棱镜）东坐标差之差计算所得，1号棱镜东坐标差 $\Delta E_1 = E_{11} - E_{01}$，4号棱镜东坐标 $\Delta E_4 = E_{14} - E_{04}$，隧道水平收敛 $\Delta E_{14} = \Delta E_1 - \Delta E_4$。

4.3.2 静力水准监测作业流程（浮力式）

4.3.2.1 监测设备安装要求

静力水准仪安装作业流程图如图 4.3-8 所示。

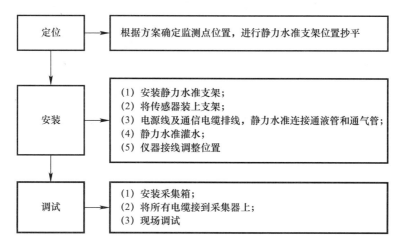

图 4.3-8 静力水准仪安装作业流程图

由于地铁隧道内实际作业时间较短，所以在设备安装前需提前做好时间规划。一般项目静力水准仪安装所需施工时间如表 4.3-1 所示。

静力水准仪安装所需施工时间　　　　表 4.3-1

施工内容	正式施工时间	备注
第一次抄平	2h	
固定支架及传感器	3h	部分工作可与第一次抄平同步进行
第二次抄平、仪器整平	3h	
连接气管、水管和排线	3h	部分工作可与仪器整平同步进行
灌水、排气	2h	
每个仪器接线	3h	
调试	3h	

所有的仪器和采集箱等设备安装时均需保证不侵限，一般以隧道管壁上的线缆架或消防管作为参照（如在车站内以广告牌作为参照），要求人靠近管壁行走时不会碰到已安装的设备。所有线缆需绑扎牢固，用扎带以 1～2m 间距绑扎在线缆架、消防管上或其他已有管材上。如无线缆架、消防管或其他已有管材，需在隧道壁打入线卡用于固定。静力水准仪安装示意图如图 4.3-9 所示，静力水准仪安装现场图如图 4.3-10 所示。

4.3.2.2 内业处理

将各点本次测量值与原始值进行比较得出隧道沉降变形累计变形量，与上次测量值比较得出本次变形量。变形量为正表示隆起，为负表示下沉。

历次报表包括自动化沉降本次变化量、自动化沉降累计变化量，并绘制自动化沉降累计变化曲线图，本次及累计变化量均取位至 0.1mm，且自动化定期依据同断面人工测量数据进行姿态调整。

图 4.3-9 静力水准仪安装示意图

图 4.3-10 静力水准仪安装现场图

4.3.3 自动化测距仪监测作业流程

4.3.3.1 监测设备安装要求

自动化测距仪采用固定支架安装激光测距仪的方式，布设在隧道环片上，自动化测距仪现场布设实景图如图 4.3-11 所示。

图 4.3-11 自动化测距仪现场布设实景图

在现场条件允许的情况下，须安装于隧道水平直径位置，若现场条件不允许，须尽可能靠近水平直径位置旋转，并在布点记录中做好相应记录，激光测距仪自动化测量监测点激光照准位置应涂抹标记，安装应美观大方，不影响隧道环片的结构性能及正常使用，不影响车辆正常通行，激光测距仪监测断面布点示意图如图 4.3-12 所示。

其布点原则需满足如下要求：

（1）测量圆形隧道大直径，监测范围地铁隧道按 5 环间距布设。

（2）监测点安装在隧道环片内壁，采用固定支架安装专用测距仪。

（3）安装位置及尺寸不影响隧道的正常使用和车辆的正常通行。

（4）自动化管径收敛监测点与人工管径收敛监测点布设于同一环。

4.3.3.2 内业处理

将各点本次测量值与原始值进行比较得出隧道的管径收敛变形累计变形量，与上次测量值比较得出本次变形量。变形量为正表示拉伸，为负表示收缩。

历次报表包括自动化管径收敛本次变化量、自动化管径收敛累计变化量，并绘制自动化管径收敛累计变化曲线图，本次及累计变化量均取位至 0.1mm，自动化数据定期依据同断面人工测量数据进行动态调整。

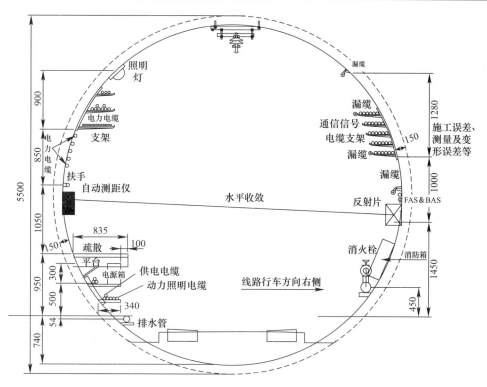

图 4.3-12　激光测距仪监测断面布点示意图

4.3.4　自动化监测的人工复核流程

为了保证监测数据能够准确无误地反映地铁设施变形情况，需要对自动化监测项目数据进行人工监测复核。人工监测复核项目包括地铁设施竖向位移复核和管片收敛复核。人工复核频率需严格按照本项目监测方案和相关规范执行。人工复核作业流程图如图 4.3-13 所示。

自动化监测项目中人工监测复核作业流程基本与人工监测项目作业流程一致，复核内容包括：高程控制网监测复核、人工沉降监测复核以及管片收敛监测复核。人工监测复核涉及各类项目监测区域复核方法同人工监测项目中监测方法一致，此段不再赘述。人工监测复核出具报告时，应在报告中体现与自动化监测数据对比情况，并详细说明人工监测复核测出地铁设施变形趋势是否与自动化测出地铁设施变形趋势一致。同一测项人工监测复核数据与自动化监测数据对比值应不大于 2mm。

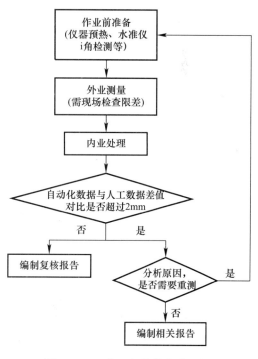

图 4.3-13　人工复核作业流程图

4.4 外部工程常规监测项目作业流程

随着城市的发展,城市轨道交通周边施工越来越多,且施工距离也越贴近既有线、工程难度也越来越大,从风险角度来看,既有线可能受影响的程度越来越大。从本质上来看既有线的变形,主要是由外部工程施工带来的,合理控制外部工程的变形,显得尤为重要,因此,外部工程监测更应考虑得合理、有效。

城市轨道交通保护区外部工程监测应遵循以下几个原则:

(1) 监测单位应根据外部工程的监测等级,参照外部工程设计蓝图编制外部工程复核监测方案。

(2) 应根据外部工程的监测等级确定监测测项、监测布点图等。

(3) 监测点的布设应能反应监测对象的实际状态及其变化趋势,监测点应布设在监测对象受力及变形关键点和特征点上,并应满足对监测对象的监控要求。

(4) 基坑工程的各类型监测点宜在空间上共同组成监测断面,如支撑轴力、支护桩/墙体测斜孔、水位孔、立柱结构竖向位移监测点、地表沉降监测剖面等宜布设为同一监测断面。

(5) 监测点的布设不应妨碍监测对象的正常工作,并且便于监测、易于保护,监测点标志应稳固可靠、标示清晰。

(6) 监测项目的初始值应在监测点埋设稳定后及时采集,应将连续测量不少于3次的稳定监测数据的平均值作为初始值。日常监测应采用相同的监测网形、监测路线、监测方法和数据处理方法,并宜固定监测人员、仪器和方法。

(7) 根据项目风险等级判定,当项目风险等级较高时,外部工程应采用自动化监测方式进行。

4.4.1 外部工程监测作业目的与基本原则

4.4.1.1 基准网的设置

1. 高程基准网的选点与埋设

高程基准网控制点由基准点和工作基点组成,基准点选取工作基点附近的深桩水准点或二等水准点,数量不少于3个。

当基准点距离所监测工程较远致使监测作业不方便时,宜设置一定数量的高程工作基点。对于基坑工程,工作基点宜沿基坑四周布设;对于较长的基坑,宜在基坑长边方向适当加密布设工作基点。

工作基点宜使用混凝土水准路缘石,混凝土水准路缘石样式图如图4.4-1所示,或在相对稳定的房屋上设置墙上水准标志,确保点位稳定,并便于监测,墙上水准标志样式图如图4.4-2所示。

2. 水平位移基准点的选点与埋设

外部工程水平位移基准点宜采用业主提供精密导线点或是GPS点,数量不少于4个。根据基坑工程现场需要,可布设若干个工作基点,采用固定监测墩的方式埋设于相对稳定、易于保存、便于通视、远离施工影响的区域。水平位移基准点样式如图4.4-3所示。

4 城市轨道交通保护区监测项目作业

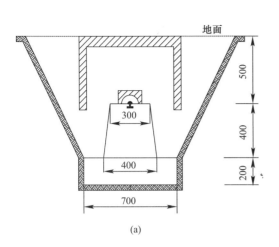 

(a)　　　　　　　　　　　　　　　　　　(b)

图 4.4-1　混凝土水准路缘石样式图
（a）混凝土水准路缘石示意图；（b）混凝土水准路缘石现场埋设图

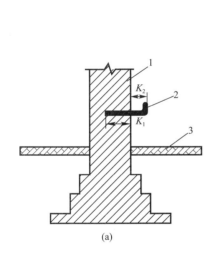 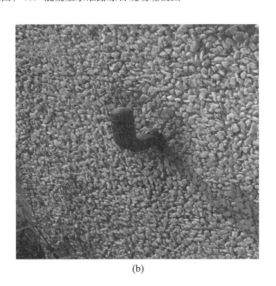

(a)　　　　　　　　　　　　　　　　　　(b)

图 4.4-2　墙上水准标志样式图
（a）墙上水准标志示意图；（b）墙上水准标志现场埋设图
1—砖墙或钢筋混凝土结构；2—工作基点；3—地面；
K_1—监测点与建（构）筑物外表面距离；K_2—监测点埋入结构深度

4.4.1.2　支护结构顶部水平/竖向位移监测点布设

1. 支护结构顶部水平/竖向位移监测点的布点原则

（1）水平/竖向位移监测点应布设在支护桩/墙体顶部或边坡顶部，监测等级为一级、二级时，布设间距宜为 10～20m；监测等级为三级时，布设间距宜为 20～30m，每边监测点数目不宜少于 3 个，关于确定基坑监测等级，请参照《城市轨道交通工程监测技术规范》GB 50911—2013 执行。

（2）基坑各边中间部位、阳角部位、深度明显变化部位、邻近重要建（构）筑物或地

图 4.4-3 水平位移基准点样式

下管线部位、地质条件复杂部位等，应布设监测点。

（3）水平/竖向位移监测点宜为共用点，支护结构顶部水平位移监测点样式图如图 4.4-4 所示。

2. 支护结构顶部水平位移监测点的埋设要求

（1）水平位移监测点宜在基坑冠梁上设置强制对中标志，采用固定杆件与冠梁上埋设的固定螺栓连接，固定杆件尺寸与固定螺栓规格可根据采用的测量装置尺寸要求加工。

（2）水平位移监测点应与测斜管处于同一断面上，且尽量靠近支护桩/墙体测斜管，便于测斜数据修正。

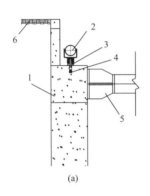  

(a)　　　　　　　　(b)　　　　　　　(c)

图 4.4-4　支护结构顶部水平位移监测点样式图
（a）支护结构顶部水平位移监测点示意图；(b) 棱镜样式；(c) 预埋连接杆
1—冠梁；2—测量装置；3—连接杆件；4—固定螺栓；5—支撑；6—地面

3. 支护结构顶部竖向位移监测点的埋设要求

（1）竖向位移监测点宜采用钻孔埋设，在基坑冠梁浇筑混凝土时将测钉埋入混凝土中，或在冠梁施工作业完成后采用电钻取孔，用铁锤将测钉打入孔中，支护桩/墙体顶部竖向位移监测点样式图如图 4.4-5 所示。

（2）对于设置盖板的区域，宜采用钻孔埋设沉降测钉的方式，将监测点埋设于冠梁正上方，低于冠梁顶面，并加装保护盖，避免被覆盖或车辆设备碾压破坏。

4. 水平位移监测要求及数据处理

（1）水平位移监测要求

水平位移控制网一般设置为独立网，必要时联测精密导线网。水平位移监测精度应符合表 4.4-1 规定。

水平位移控制网的主要技术指标应满足的技术要求且符合《城市轨道交通工程测量规范》GB/T 50308—2017 的有关规定。

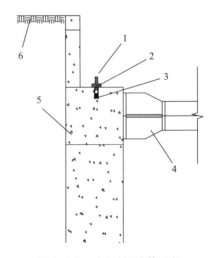

图 4.4-5　支护桩/墙体顶部竖向位移监测点样式图

1—测量装置；2—连接杆件；3—固定螺栓；4—支撑；5—冠梁；6—地面

4 城市轨道交通保护区监测项目作业

水平位移监测精度 表 4.4-1

	工程监测等级	一级	二级	三级
水平位移控制值	累计变化量 D' (mm)	$D'<30$	$30 \leqslant D'<40$	$D' \geqslant 40$
	变化速率 v_d (mm/d)	$v_d<3$	$3 \leqslant v_d<4$	$v_d \geqslant 4$
	监测点坐标中误差 (mm)	$\leqslant 0.6$	$\leqslant 0.8$	$\leqslant 1.2$

注：监测点坐标中误差是指监测点相对测站点（如工作基点等）的坐标中误差，为点位中误差的 $1/\sqrt{2}$；当根据累计变化量和变化速率选择的精度要求不一致时，优先按变化速率的要求确定。

水平位移监测宜采用极坐标法或小角度法进行，极坐标法示意图如图 4.4-6、小角度法示意图图 4.4-7 所示。

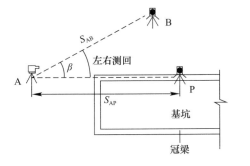
图 4.4-6 极坐标法示意图

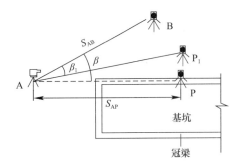
图 4.4-7 小角度法示意图

（2）水平位移数据处理

通过极坐标法测量获得工程测量坐标系下的坐标值，水平位移量是指位移点沿垂直于基坑边线方向的偏移值，在实际工程中，基坑形状往往为非直角多边形，经常出现曲线形基坑。

监测点在基坑边的垂线方向的位移量，该差值也符合位移往基坑内数值为正，往基坑外数值为负的理解习惯，此法需在初次监测时，求解每个位移点在基坑边垂线（指向基坑内）的坐标方位角。

4.4.1.3 支护结构深层水平位移监测点的布设

1. 支护结构深层水平位移监测点的布点原则

（1）沿基坑周边的支护桩/墙体布设，监测等级为一级、二级时，布设间距为宜为 20～40m；监测等级为三级时，布设间距宜为 40～50m，关于确定基坑监测等级，请参照《城市轨道交通工程监测规范》GB 50911—2013 执行。

（2）基坑各边（包括中隔墙）中间部位、阳角部位及其他代表性部位的支护桩/墙体布设监测孔。

（3）基坑每侧水平位移监测点不应少于 1 个。

（4）对应重要环境保护部位及邻近基坑阳角部位的支护桩/墙体布设测斜孔。

（5）支护桩/墙体的水平位移测斜管长度不宜小于桩/墙体的深度。

2. 支护结构深层水平位移监测点的埋设要求

结合测斜孔的深度与地质情况，选择合适的测斜管材质，包括 PVC、ABS、铝合金材质等，以确保测斜管的存活率。

应根据支护桩/墙体钢筋笼、型钢的安装方向，调整好测斜管的绑扎方向，确保一对导向槽垂直于支护结构边线，另一对导向槽平行于支护结构边线，埋设时保持测斜管在同一竖直平面内无扭转。同时，测斜管宜布设在支护桩/墙体的迎土面，测斜管埋设示意图如图 4.4-8 所示。

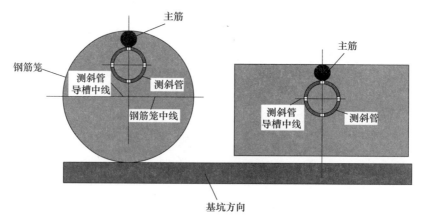

图 4.4-8　测斜管埋设示意图

测斜管分段连接时保证上、下管段测斜管的导槽相互对准顺畅，测斜管宜每 1m 绑扎 1 次。接头处使用防水胶带、PVC 胶水等进行必要的密封处理，并做好管口、管底的封盖，测斜管的管底宜采用钢套管保护，管口位置宜采用 ABS 材质的塑料管保护。

支护桩/墙体钢筋笼拼装焊接时，应加强对测斜管的保护，使用浇水、湿敷等方式进行降温，避免测斜管烧坏。

支护桩/墙体测斜管分段安装完成后，宜在混凝土浇筑前，将测斜管内灌满清水，再密封管口，测斜管安装样式图如图 4.4-9 所示。

(a)　　　　　　　　　　　　(b)　　　　　　　　　　　　(c)

图 4.4-9　测斜管安装样式图

(a) 地下连续墙内埋设测斜管；(b) 钻孔灌注桩内埋设测斜管；(c) H 形型钢内埋设测斜管

支护桩/墙体测斜孔应做好详细的埋设记录，必要时在现场加以辅助标志。

3. 支护结构深层水平位移监测要求及数据处理

（1）支护结构深层水平位移监测要求

1）测量时探头导轮方向应与待测位移方向一致。

2）宜采用自下而上的方式测量，将探头导轮插入测斜管的导槽内，缓慢下至孔底。恒温一段时间后，测量时自下而上以 0.5m 间距逐段量测，记录测量深度与相应读数。然后将探头旋转 180°，插入同一对导槽内，按上述步骤重复监测一次，支护结构深层水平位移监测现场如图 4.4-10 所示。

（2）支护结构深层水平位移数据处理

将测斜管划分为若干段，由测斜仪测量不同测段上测头轴线与铅垂线之间的倾角，进而计算各测段位置的水平位移。

深层水平位移计算时，应确定固定起算点，固定起算点可设在测斜管的顶部或底部；当测斜管底部未进入稳定岩土体或已发生位移时，应以管顶为起算点，并应测量管顶的平面坐标进行水平位移修正。但如果测斜管底部嵌岩或进入较深的稳定土层内，也可以底部作为固定起算点。

图 4.4-10　支护结构深层水平位移监测现场

ZQT12 墙体测斜监测历程变化曲线图如图 4.4-11 所示。

4.4.1.4　岩、土体深层水平位移监测点布设

1. 岩、土体深层水平位移监测点的布点原则

（1）土体测斜孔采用钻孔埋设的方式，埋设深度不宜小于基坑深度的 1.5 倍，并大于支护桩/墙体深度或嵌入基岩。

（2）对应重要环境保护部位布设土体深层水平位移监测点。

2. 岩、土体深层水平位移监测点的埋设要求

（1）土体测斜孔钻孔孔径宜为 110mm，钻孔孔深大于设计埋深 0.5m 左右，在土质较差地层钻孔时宜使用泥浆护壁。

（2）测斜管安装前宜事先在地面将测斜管分段拼接好，接头处使用防水胶带、PVC 胶水等进行必要的密封处理，并做好保证管口、管底的封盖，测斜管管底宜采用钢套管保护，管口位置宜采用 ABS 材质的塑料管保护。

（3）测斜管下管过程中应对好槽口，确保导向槽与待测方向一致，宜在管内灌满清水，以克服上浮力。

（4）测斜管沉放到位后，在测斜管与钻孔空隙内填入 5～10mm 粒径碎石或者粗砂等材料，并连续多天、多次充填，确保空隙密实。

3. 岩、土体深层水平位移监测要求及数据处理

同支护结构深层水平位移监测要求及数据处理。

4.4.1.5　支撑轴力、锚杆轴力监测点布设

1. 支撑轴力监测点的布点原则

（1）宜选择埋设在基坑中部、阳角部位、深度变化部位、支护结构受力条件复杂部位、周边存在高大建（构）筑物部位及在支撑系统

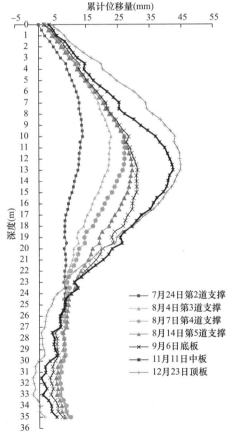

图 4.4-11　ZQT12 墙体测斜监测历程变化曲线图

中起控制作用的支撑。

(2) 支撑轴力监测点应沿基坑纵向布设，每层支撑均应布设监测点，且各层支撑的监测点位置在竖向保持基本一致。

(3) 每层支撑轴力的监测数量不宜少于每层支撑数量的10%，每层锚杆轴力支撑的监测数量不宜少于每层支撑数量的3%，且不应少于3根。

(4) 支撑轴力监测点的布设位置应与相近的支护桩/墙体测斜孔共同组成监测断面；

(5) 每根锚杆上的监测点宜设置在锚头附近或受力有代表性的位置。

2. 支护结构应力监测点的埋设要求

(1) 混凝土支撑轴力

混凝土支撑轴力采用钢筋应力计，宜布设在支撑中部或两支点间1/3的部位；当支撑长度较大时也可布设在1/4点处，并避开节点位置。每组轴力测点应布设4个钢筋应力计，分别埋设在混凝土支撑截面4个侧边的中间位置，混凝土支撑轴力监测点安装样式图如图4.4-12所示。

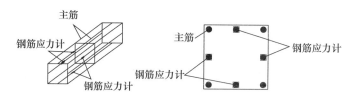

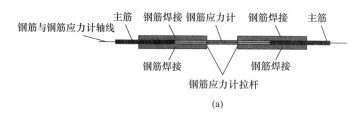

(a)

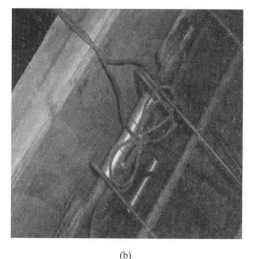

(b)

图4.4-12 混凝土支撑轴力监测点安装样式图
(a) 钢筋应力计安装示意图；(b) 钢筋应力计布设图

钢筋应力计安装时，宜在对应位置先截下一段不小于应力计长度的主筋，然后通过连杆将钢筋应力计焊接在被测主筋上，两侧连杆长度均不小于 10cm。钢筋应力计连杆焊接宜采用双面焊的方式，焊接长度不小于 10 倍的主筋直径；在焊接过程中，应采取浇水、冷敷等必要措施，避免钢筋应力计被高温烧坏。

同组钢筋应力计宜分别采用 4 种不同颜色的测线，各组钢筋应力计的同一布设位置宜采用同一颜色的测线。

钢筋应力计的测线宜沿支撑主筋进行分段绑扎或放置在 PVC 管内，并导出至易于保护的基坑冠梁一侧，统一保护至集线箱内，做好分股标记。

混凝土支撑浇筑完成后，宜立即对埋设的钢筋应力计进行现场测试，检查是否有损坏。

(2) 钢支撑轴力

采用轴力计监测时，监测点应布设在钢支撑固定端一侧，并复核钢支撑端部钢板受力变形情况，必要时焊接加强钢板增加刚度，钢支撑轴力监测点安装样式图如图 4.4-13 所示。

采用专用的轴力安装架固定轴力计时，安装架圆形钢筒上没有开槽的一侧应与支撑钢板焊接牢固，电焊时确保钢支撑中心轴线与安装架中心点对齐，避免发生偏心。

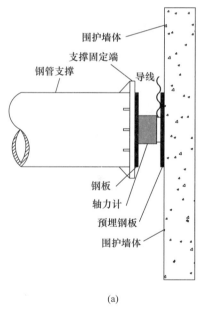

(a) (b)

图 4.4-13 钢支撑轴力监测点安装样式图
(a) 轴力计安装示意图；(b) 轴力计布设图

轴力计测线应在端部加强保护，避免在受外力影响时发生断裂。轴力计测线应导出至基坑冠梁外，统一保护至集线箱内，做好分股标记。

轴力监测点布设完成后，宜立即进行现场测试，检查是否有损坏。

(3) 锚杆（索）应力

锚杆测力计或应力计与锚杆进行连接时，须将锚杆截断与应力计同轴焊接。

锚索计安装在锚固垫座（锚板）上，钢绞线或锚索从锚索计中心孔穿过，锚索计置于锚板和工具锚之间,需放置平稳,锚杆(索)应力监测点埋设样式图如图4.4-14所示。

(4)伺服系统

"钢支撑轴力自动补偿系统"取代了过去人工预加钢支撑轴力,实现了自动化加压,并做到"可视""可控""可调"。控制系统将数据反映至人机交流系统,显示支撑受力情况,无需单独布设监测。

3. 轴力、应力监测要求及数据处理

(1)轴力、应力监测要求

1)轴力、应力的外业监测时间应尽量统

图4.4-14 锚杆(索)应力监测点埋设样式图

一,且选择受温度影响较小的时段,以保持每期监测的一致性。测量时应待频率计的读数稳定以后方可读数记录,轴力(内力)监测实景图如图4.4-15所示。

2)轴力、应力监测时,宜在每天相同时间,减少环境温度对支撑轴力的影响。

3)对于采用钢支撑轴力自动补偿系统范围内的轴力,同步采集系统轴力数据即可。

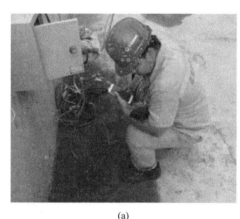 

(a)　　　　　　　　　　　　　　(b)

图4.4-15 轴力(内力)监测实景图
(a)现场轴力采集;(b)轴力线保护措施

(2)轴力、应力监测的数据处理

1)混凝土支撑内力

本工程混凝土支撑轴力采用预埋钢筋应力计测试。

钢筋应力计埋设好后,采用频率仪测得钢筋应力计的频率,从而换算出围护墙体应力或混凝土支撑轴力。

2)钢支撑、锚杆、锚索轴力

轴力计的工作原理是:当轴力计受轴向力时,引起弹性钢弦的张力变化,改变了钢弦的振动频率,通过频率仪测得钢弦的频率变化,即可测出所受作用力的大小。

4.4.1.6 周边地表竖向位移监测点的布设

1. 周边地表竖向位移监测点的布点原则

(1)监测点宜延伸至基坑边缘以外2~3倍基坑开挖深度的范围,周边地表监测点断面宜设在坑边中部或其他有代表性的部位。监测断面应与坑边垂直，按 2~10m 间距自基坑边线向坑外先密后疏设置，第一排监测点距基坑边缘不宜大于 2m，数量视具体情况确定。

（2）采用分坑施工时，中隔墙位置宜增设监测断面。

（3）应综合考虑管线间接监测点、土体测斜孔、水位监测孔等其他监测点的布设位置，避免相互影响。

2. 周边地表竖向位移监测点的埋设要求

对于城市道路，应采用钻孔方式埋设螺纹钢标杆作为监测点。钻孔深度达到原状土层，钻孔直径不宜小于 80mm，螺纹钢标杆直径宜为 18~25mm，标杆埋入原状土的深度不宜小于 500mm，孔内采用细砂回填。

竖向位移监测点的保护井壁、井盖宜采用钢制或塑料材料，井深宜为 100~200mm，井盖直径宜为 150mm，保护井井口宜低于地面 10mm，地表沉降监测点埋设样式图如图 4.4-16 所示。

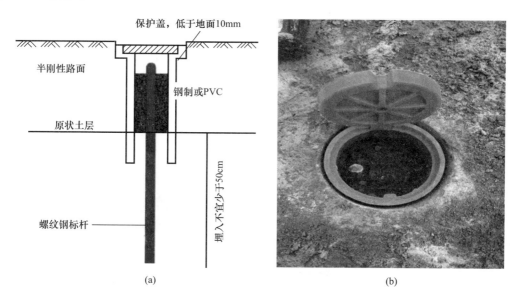

图 4.4-16 地表沉降监测点埋设样式图
（a）地表竖向位移监测点布设示意图；（b）地表竖向位移监测点保护措施

4.4.1.7 地下水位监测点的布设

1. 地下水位监测点的布点原则

（1）水位监测孔的埋设位置应根据水文地质条件的复杂程度、降水深度、降水的影响范围和周边环境保护要求确定。

（2）当降水深度内存在两个及以上含水层时，宜分层布设地下水位监测孔。对需要降低承压水或微承压水水头的基坑，宜埋设承压水监测孔。

（3）水位监测孔的管底埋置深度应在最低设计水位或最低允许地下水位之下 3~5m。承压水水位监测孔的滤管应埋置在所测的承压水水层中。

（4）水位监测孔宜沿基坑周边按 20~50m 间距布设，在紧邻的重要建（构）筑物、风险等级较高的地下管线或管线密集处，邻近重要河流、地表水体处应布设水位监测孔，当有截水帷幕时，宜布设在截水帷幕外侧约 2m 处。

（5）岩体基坑地下水监测点宜布设在出水点和可能的滑移面。

2. 地下水位监测点的埋设要求

水位管宜采用直径50～70mm的PVC管，管底加盖密封，防止泥沙进入管中。下部留出0.5～1m的沉淀段（不打孔），用来沉积滤水段带入的泥沙。在待测深度范围内的管壁周围钻出6～8列直径为6mm左右的滤水孔，纵向孔距为50～100mm。相邻两列的孔交错排列，呈梅花状布设。管壁外部包扎过滤层，过滤层可选用土工织物或网纱。上部管口段不打孔，以保证封口质量，地下水位监测点埋设样式图如图4.4-17所示。

水位孔一般用小型钻机成孔，孔径略大于水位管的直径，成孔至设计标高后，应清除孔内泥浆，然后放入裹有滤网的水位管，管壁与孔壁之间用净砂回填过滤头，再用膨胀土球进行封填，以防地表水流入。

承压水水位管安装前应确定待测承压水层的深度，水位管放入钻孔后，水位管滤头必须在承压水层内。承压水面层以上一定范围内，管壁与孔壁之间采用膨胀土球，隔断承压水与上层潜水的联通。

水位管的管口宜高出地表并加盖保护，以防雨水、地表水和杂物进入管内。

水位管埋设完成后，应检查水路的畅通情况，必要时对管内进行清洗。

严禁利用土体测斜管或施工单位降水井代替水位监测孔。

严禁利用同一钻孔，同时布设土体测斜管和水位监测孔。

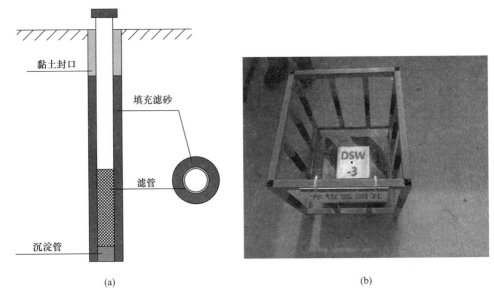

图4.4-17 地下水位监测点埋设样式图

（a）地下水位监测点布设示意图；（b）地下水位监测点保护措施

3. 地下水位监测要求及数据处理

（1）地下水位监测要求

采用钢钢尺水位计监测水位，水位计埋设完成后，应根据现场施工情况在基坑降水前，完成初始值的采集工作，水位深度初始值的采集应采用水位计逐日连续监测水位，取至少连续监测3d的稳定值作为初始值。

水位变化量主要是查看水位孔内水位的绝对高程变化量，水位监测时先用水位计测出水位管内水面离管口的距离，然后用水准测量的方法测出水位管管口绝对高程，最后通过计算得到水位管内水面的绝对高程，地下水位监测示意图如图 4.4-18 所示。

地下水位监测应测得孔口的绝对高程。

水位监测前，应充分了解基坑的坑外降水情况。

电测水位仪监测原理及实景图如图 4.4-19 所示。

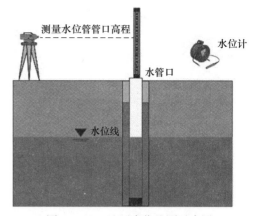

图 4.4-18　地下水位监测示意图

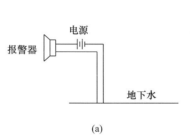

（a）　　　　　　　　（b）

图 4.4-19　电测水位仪监测原理及实景图
（a）地下水位监测原理示意图；（b）地下水位监测点现场采集

（2）地下水位数据处理

水位管内水面以绝对高程表示，可按式（4.4-1）计算：

$$D_s = H_s - h_s \tag{4.4-1}$$

式中　D_s——水位管内水面绝对高程；

H_s——水位管管口绝对高程；

h_s——水位管内水面距管口的距离。

由式（4.4-1）分别算出前后两次水位变化后；按式（4.4-2）、式（4.4-3）计算本次水位变化和本次累计水位变化：

$$\Delta h_s^i = D_s^i - D_s^{i-1} \tag{4.4-2}$$

$$\Delta h_s = D_s^i - D_s^0 \tag{4.4-3}$$

式中　D_s^i——第 i 次水位绝对高程；

D_s^{i-1}——第 $i-1$ 次（上次）水位绝对高程；

D_s^0——水位初始绝对高程；

Δh_s^i——本次水位变化（m）；

Δh_s——累计水位差。

4.4.1.8　基坑自动化监测

自动化监测技术是在仪器仪表的使用、研制、生产的基础上发展起来的一门综合性技术。通过自动化监测技术，工程现场的自动化监测硬件可按监测方案的要求，自动上传监测数据至监测云平台。通过云平台的软件功能，系统自动进行数据的分析处理和上传报告。一旦数据出现报警状况，平台将自动发送预报警信息给相关责任人员。自动化监测现场情况如图 4.4-20 所示。

自动化监测实现了全过程自动采集、传输、分析、报告，整个监测过程连续、透明，项目业主方、建设总承包方、政府监管部门等相关各方均可以实时查询当前的监测数据报告，从数据采集端开始真正确保工程监测数据准确有效，自动化监测组建思路如图 4.4-21 所示。

图 4.4-20 自动化监测现场情况

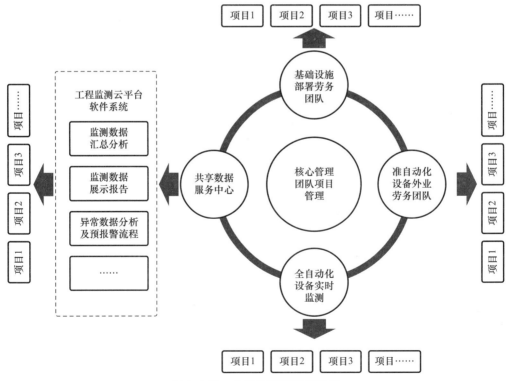

图 4.4-21 自动化监测组建思路

1. 固定式测斜系统

固定式测斜系统广泛应用于预防地质滑坡、建筑工程施工监测、大坝等场景，用以监测地表下方的深层水平位移。测斜管竖直安装到地下，地层运动导致测斜管发生位移和变形。固定式测斜仪系统用在测斜管中进行测量。首次测量通过滑动式测斜仪确定初始管形曲线，后续安装固定式测斜仪在人为设定的时间间隔内自动采集数据，获取累计变化来确定管形的变化情况。通过对管形变化数据的分析，可以确定土层移动的大小、速率和深度。监测数据可以通过无线传输模块，实时传送至监测云平台，自动化测斜监测组成部分如图 4.4-22 所示，自动化测斜监测点位布设现场如图 4.4-23 所示。

2. 应力自动化监测系统

工程监测采用的应力监测传感器主要为振弦式频率元件。在不同的应力环境的作用下，其内部振弦在电激励后的频率将产生可预测的变化。传感器测量系统可以准确测量传感器内部振弦的振动频率，并通过反推计算出相关的工程物理量（拉力、应力、水土压力等）。应力自动化监测系统，是以振弦式频率测量模块为核心的振弦式传感器自动化读测系统，专门用于测量振弦式传感器输出的频率。系统采集到的频率监测数据，可以通过无线传输模块，实时传送至监测云平台，并通过软件系统自动计算出需要监测的

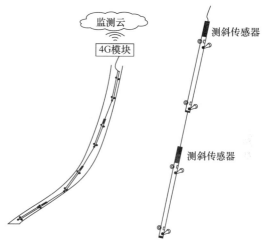

图 4.4-22 自动化测斜监测组成部分

应力值，自动化应力监测组成如图 4.4-24 所示，现场安装自动化应力监测图如图 4.4-25 所示。

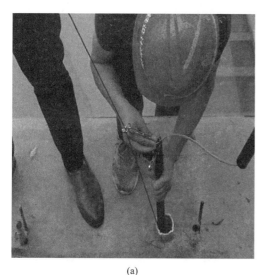

(a)

(b)

图 4.4-23 自动化测斜监测点位布设现场

(a) 固定测斜原件下放；(b) 测斜通信终端

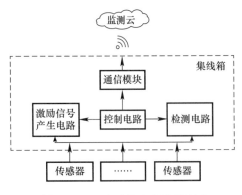

图 4.4-24 自动化应力监测组成

3. 水位自动化监测系统

水位自动化监测系统的原理是采用振弦式孔隙水压力计作为水压力测量传感器,利用振弦式频率测量模块采集孔隙水压力计的频率,并通过无线传输模块实时发送至监测云平台。通过监测云平台软件,可以计算出传感器所受压力并反推出需要监测的水位高程,自动化水位监测计算原理如图 4.4-26 所示。

4. 自动化倾斜监测系统

自动化倾斜监测系统由倾角传感器(双向倾角)、数据采集传输装置、计算机监控管理系统组成。

数据采集装置放置在倾角传感器附近,对所接入的仪器按照监控主机的命令或预先设定的时间自动进行控制、测量,并就地转换为数字量暂存于数据采集装置中,并根据监控主机的命令利用手机的 GPRS 功能同服务器的 WCF 服务进行通信,将数据发送至多传感器自动化监测系统平台,完成数据的安全存储,监测技术人员对存储的数据进行处理和分析,自动化倾斜监测现场安装图如图 4.4-27 所示。

4.4.2 巡视检查

4.4.2.1 一般规定

(1)巡视检查是监测工作的一项重要内容,可通过观察、询问、记录和拍照等方法,及时发现工程本体及周边环境的异常现象,为工程安全管理提供支持。

图 4.4-25 现场安装自动化应力监测图

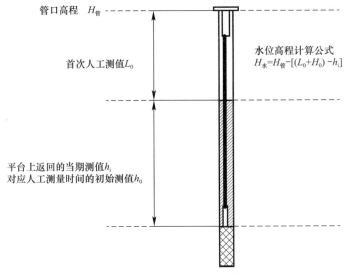

图 4.4-26 自动化水位监测计算原理

(2) 巡视检查应结合现场仪器监测进行，巡查的频率不低于人工监测的频率。

(3) 巡视检查前应先了解现场工况和监测数据变化情况。巡视检查以目测为主，可辅以锤、钎、量尺、放大镜等工器具以及摄像、摄影等设备进行。

(4) 巡视检查应对施工工况、自然条件、支护结构、周边环境、监测设施等情况做好记录。

(5) 巡视检查结束后，应将巡查情况汇编成巡视报告或报表页，并与仪器监测数据进行综合分析。针对巡视检查中发现的隐患和问题，应及时通知施工单位进行整改，并在下次巡查中检查整改落实情况。

图 4.4-27 自动化倾斜监测现场安装图

4.4.2.2 日常巡查内容

日常巡查内容如表 4.4-2 所示。

日常巡查内容　　　　　表 4.4-2

分类	巡查检查内容	备注
施工工况	开挖长度、分层高度及坡度，开挖面暴露时间	
	开挖面岩土体的类型、特征、自稳性，渗漏水量大小及发展情况	
	降水或回灌等地下水控制效果及设施运转情况	
	基坑侧壁及周边地表截、排水措施及效果，坑边或基底积水情况	
	支护桩/墙体后土体裂缝、沉陷，基坑侧壁或基底的涌土、流沙、管涌情况	
	基坑周边的超载情况	
	放坡开挖的坑边坡位移、坡面开裂情况	
	施工过程控制不当可能造成的不良后果风险	
隧道工程支护结构	穿越工程本身（施工参数、出土量、盾构姿态、渗漏水）、联络通道本身	
桩基工程	塌孔情况、漏浆情况、侵限情况、降水情况	
堆载、卸载	堆土量、卸土量、范围	
基坑工程支护结构体系	支护桩/墙体的裂缝、侵限情况	
	冠梁、围檩的连续性、围檩与桩/墙体之间的密贴性，围檩与支撑的防坠落措施	
	冠梁、围檩、支撑的变形或裂缝情况	
	支撑架设情况	
	盖挖法顶板的变形和开裂，顶板与立柱、墙体的连接情况	
	截水帷幕的开裂、渗漏水情况	
周边环境	建（构）筑物、桥梁墩台或梁体、既有轨道交通结构等的裂缝位置、数量和宽度，混凝土剥落位置、大小和数量，设施的使用状况	
	地下构筑物积水及渗水情况，地下管线的漏水、漏气情况	
	周边路面或地表出现裂缝、沉陷、隆起、冒浆的位置、范围等情况	
	河流湖泊的水位变化情况，水面出现漩涡、气泡及其位置、范围、堤坡裂缝宽度、深度、数量及发展趋势等	
	工程周边开挖、堆载、打桩等可能影响工程安全的生产活动	

续表

分类	巡查检查内容	备注
基准点、监测点、监测元器件的完好状况、保护情况	检查监测点是否有损坏，是否按方案要求进行布设，安装埋设是否满足规范要求等	
	监测点或监测点标识处是否有异常情况发生，如监测点丢失、水淹、土埋、碾压、覆盖、保护设施失效等，是否存在后续施工损坏的可能	

5 城市轨道交通保护区内病害调查及记录流程

5.1 调查内容

依据相关要求,调查范围为地铁既有线的地铁保护区(车站、区间隧道、附属结构、风亭等)项目安全评估、现状调查。调查需综合考虑现行相关标准规范及相关管理部门的要求,包括以下内容:

(1) 管片的全断面扫描,隧道的椭圆度情况。
(2) 管片开裂情况,包括裂缝宽度、裂缝是否贯通,有无出现钢筋裸露。
(3) 结构连接件密封件的完整性、渗漏水情况。
(4) 管片接缝张开量和错台量。
(5) 盾构隧道内有无漏泥沙。
(6) 高架桥桥墩损伤情况及道床损伤状况。
(7) 其他损伤及破坏。

调查内容见表 5.1-1。

调查内容 表 5.1-1

序号	调查位置	类型	
1	隧道	渗漏水	湿迹
			渗水
			滴漏
			漏泥沙
		管片损伤	裂缝
			缺角
			缺损
		管片错台	
		管片环缝张开量	
		道床与管片脱开	
		隧道三维激光扫描	
2	车站	渗漏水	湿迹
			渗水
			滴漏
			漏泥沙
3	高架段	桥墩渗漏水	湿迹
			渗水
			滴漏

续表

序号	调查位置	类型	
3	高架段	桥墩损伤	碰损
			裂缝
		道床损伤	
		有无挂载物	
		桥墩顶衔接情况	
4	其他工艺结构	渗漏水，结构裂缝、损伤等	
5	附属结构设施	渗漏水	湿迹
			渗水
			滴漏
			漏泥沙
		主体附属结构施工缝两侧1m范围内的裂缝	

5.2 结构现状调查方法

5.2.1 渗漏水

1. 湿迹

对于湿迹现象，水分蒸发速度快于渗入量，调查时用干手触摸有无潮湿但无水分浸润感觉来判断。在隧道内常规通风条件下，潮湿现象可能会消失。

一般用手触摸或目测判断。

2. 渗水

渗水现象指在加强人工通风的情况下也不会消失，用干手触摸，明显粘有水分，或者可以通过灯光照射，有无反光，辅助判定是否渗水。对于介于湿迹和渗水之间的情况，无法精确判断时，应按不利原则进行考虑，判定为渗水。

一般用手触摸或灯光照射目测判断。

3. 滴漏

滴水现象与其他渗漏水病害较容易区分，但由于滴漏速度有快慢，当检查速度较快时，容易漏检。在检查过程中，可注意道床表面是否有水迹或少量积水，如存在，极有可能是隧道顶部滴漏的结果。滴漏频率用60s的水滴数量来表示，根据滴漏频率大小可分为：水珠（60s内无滴落现象）、滴漏（小于60滴/min）或线漏（大于60滴/min或成股）。

一般用计时器记录60s内的滴漏频率。

4. 漏泥沙

漏泥沙现象较易判断，通常漏泥沙时，渗水量相对较大，且夹带新鲜泥沙，导致渗出物浑浊。用肉眼就可判断漏泥沙现象。

5. 病害标志说明

病害标志应记录在现场记录表管片平铺图上，渗漏水标志符号及记录要求如表5.2-1所示。

渗漏水标志符号及记录要求　　　　　表 5.2-1

病害		标志符号	符号解释	记录要求
渗漏水	湿迹		虚线填充的闭合曲线	曲线边界依据实际湿迹分布确定
	渗水		斜线填充的闭合曲线	曲线边界由实际渗水分布确定
	滴漏		由竖线、椭圆以及数字三部分组成，数字表示滴水频率（滴水数/min）	1. 当小于 1 滴/min 时，椭圆内应标注<1； 2. 当大于 60 滴/min 时，可认为滴漏已形成线流，此时应按照渗流标注∞
	漏泥		点及小三角填充的闭合曲线	曲线边界依据实际漏泥边界确定

5.2.2 管片及道床损伤

1. 裂缝

（1）裂缝分类

管片裂缝又分为受力裂缝、拼接面裂缝等。

受力裂缝一般分布在隧道顶 11 点钟至 1 点钟位置，多为纵向贯通裂缝，受力裂缝如图 5.2-1 所示。

图 5.2-1　受力裂缝

拼接面裂缝一般为施工拼装时受力不均所致，多出现在管片边缘，且裂缝较宽，随着列车震动影响，易发展为管片缺损或掉角，拼接面裂缝如图 5.2-2 所示。

道床损伤主要为高架段及盾构隧道道床裂缝，多为纵向贯通裂缝，道床裂缝如图 5.2-3 所示。

（2）裂缝查找与标记

道床裂缝通常以目测为主，裂缝监测主要测定隧道管片上的裂缝分布位置，裂缝的走向、长度、宽度及其变化程度。监测的裂缝数量视需要而定，对管片上主要的或变化大的裂缝进行监测。

1）裂缝查找应尽量仔细，做到逐环查找，初步判断整条裂缝较宽处及测量较明显处，做好标记，并在边上写好裂缝编号。

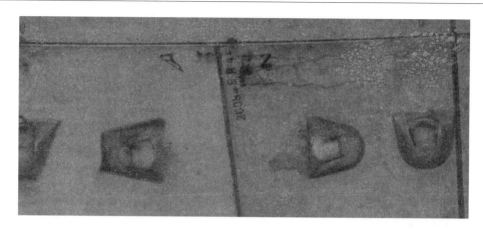

图 5.2-2 拼接面裂缝

图 5.2-3 道床裂缝

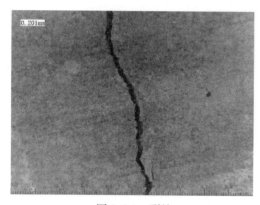

图 5.2-4 裂缝

2) 对没有贯通的裂缝，应在裂缝两端做好标记，并用卷尺或相应测量工具测量裂缝长度，变换尺位进行两次读数，读至 0.5mm，其较差不应大于 1mm。

(3) 裂缝监测方法

裂缝监测可采用智能裂缝测宽仪，该仪器可自动判读裂缝宽度、拍摄裂缝照片，实时读数且精度优于 0.01mm，测试范围可达到 0~4mm，裂缝如图 5.2-4 所示。

(4) 裂缝宽度测量原则及要求

1) 每环最少测量一条裂缝，当宽度较小的裂缝比较多时，小裂缝可以不测但需要做好标记。

2) 裂缝测量时尽量选测宽度较宽的裂缝。

3) 当某一环宽度较大的裂缝比较多时，应选测多条裂缝进行比较。

4) 测量裂缝时，探头应尽量位于画线中间处，裂缝监测仪上显示裂缝及所画标记应在图像中间，并能完整显示裂缝宽度两端的标记。

5）裂缝测量时，应做到仔细确认，避免漏测、多测，不定时与记录人员核对裂缝编号及环号。

6）拼接面裂缝位于管片表面，测量误差较大，可选测。

2. 管片破损与缺角

管片缺损与缺角病害较为直观，主要通过目测进行检查，明确隧道结构损伤的类型、位置和程度等信息。最长和最宽处需进行标注测量，并做好记录，管片破损如图 5.2-5 所示，管片损伤符号及记录要求如表 5.2-2 所示。

图 5.2-5　管片缺损

管片损伤符号及记录要求　　　　表 5.2-2

病害		标志符号	符号解释	记录要求
管片损伤	裂缝	∫	表层混凝土裂开	（1）曲线或折线，以裂缝实际线形为依据，当裂缝宽度可测时，应予以备注； （2）当裂缝较为严重，甚至出现混凝土碎裂现象时，应特别予以备注，并留存详细影像资料
	缺角	◣	管片端部混凝土缺失	将实际缺角范围填实，管片缺角深度可量测时，同样予以备注
	缺损	✻	管片纵缝两侧混凝土片状缺失	竖线代表发生缺损的纵缝，交叉线所代表区域与发生缺损区域一致

5.2.3　管片错台及环缝张开检查

软土盾构隧道在投入运营后发生纵向不均匀沉降。其发展到一定程度后，环缝张开，进而容易引起渗水和诱发进一步的不均匀沉降。故环缝张开量是隧道安全运营的关键指标。

此外，隧道差异沉降的发展主要通过管片发生错台进行，当管片错台发展到一定程度时，会引起接缝防水条失效，甚至管片开裂。因此管片错台也是需要进行检测的。通过分析盾构隧道环缝张开和管片错台可为运营隧道的适时合理维护以及优化结构和防水设计提供技术支撑。

管片错台可分为环面错台和纵向环缝张开。管片错台应明确错台位置及错台量。

管片错台初步判断通过目测进行，疑似处可通过手触确认，也可将探照灯平贴于管片，朝疑似错台处照射，如存在错台现象，则光束在错台处会出现明显的明暗对比。

测量方法：管片错台量可通过钢尺或游标卡尺测量。测量过程中选取错台较明显的断面进行测量，并做好测量标识。

错台及环缝张开测量可每 5 环作为一个测量断面，测量的位置位于隧道逃生平台一侧管片腰间的环缝，且上下行线测量断面均为环号尾数为 0 环和 1 环或者 5 环和 6 环之间位置，保证了测量的位置基本一致。为减小测量误差，每次错台读数取两次测量平均值。管片错台检测如图 5.2-6 所示，管片环缝张开检测如图 5.2-7 所示，管片错台符号及释义如表 5.2-3 所示。

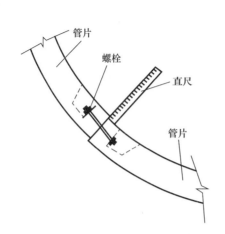

图 5.2-6 管片错台检测

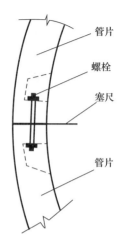

图 5.2-7 管片环缝张开检测

管片错台符号及释义　　　　　　　　　　表 5.2-3

病害	定义	标志符号	解释
管片错台	管片间在环面或纵向接触面内发生相对错动的现象	6＿	直线与错台处接缝垂直并交叉，数字表示错台量

5.2.4 道床和管片的脱开检查

对于整体道床，由于两侧排水沟混凝土后于轨枕区域道床浇筑，容易形成道床和管片的脱开。管片脱开通常表现为道床与管片脱开和轨枕与道床脱开两种形式。

在脱开现象较为明显区域，道床混凝土可能会出现横向裂缝，对于此类情况应给予备注说明，必要时留影像资料。

道床与管片的脱开检查应明确脱开位置，并巡查脱开处是否有泥沙等现象。

道床与管片的脱开主要通过目测进行检查，对于疑似处，可通过插入硬卡片的方式确认两者是否脱开，道床与管片脱开符号及释义如表 5.2-4 所示。

道床与管片脱开符号及释义　　　　　　　　　　表 5.2-4

病害	定义	标志符号	解释
道床与管片脱开	道床与管片存在间隙	⌣	标志记录于道床和管片连接处

5.2.5 附属结构病害

附属结构的调查主要通过人工调查并拍照记录的形式来反映附属结构的状态。

主要调查的方法为：在车站主体与附属结构施工缝两侧 1m 范围内应拆除搪瓷钢板，查看渗漏水及裂缝情况，如有裂缝需对裂缝进行宽度测量和拍照；其余附属结构位置巡查表面渗漏水及地面瓷砖开裂等结构的状态。附属结构病害如图5.2-8所示。

5.2.6 隧道三维激光扫描

隧道三维激光扫描检测技术可实现施工或者运营隧道精确和全面的三维数字化、影像化。采用精细化断面和可量测正射激光影像数据快速对隧道进行三维检测并实现内业数据处理高度自动化。内业数据处理自动化率超过90%。该技术手段可以用作隧道断面收敛、管片错台、中心轴线、三维真实模型、侵界、裂

图5.2-8 附属结构病害

缝、渗水等隧道测量和检测工作。一次扫描即可完成上述多项测量和检测任务,是一种新型高效的全面隧道测量和检测手段。

隧道几何尺寸检测采用隧道三维激光扫描检测技术进行断面扫描法量测隧道几何尺寸,检测结果与标准圆进行比较,得出隧道直径差异量。隧道三维点云图如图5.2-9所示。

图5.2-9 隧道三维点云图

5.3 调查报告内容及要求

5.3.1 成果整理

将普查成果进行资料整理,根据病害类型进行分类汇总,制作成统计图表。根据调查数据及分类汇总的统计图表编辑现状调查成果报告,对变形趋势进行预测、预报等。

调查成果书主要有以下内容:
（1）现状调查成果说明及分析报告等。
（2）各病害调查成果表等。
（3）各病害调查附图等。

5.3.2 成果资料交付

项目实施过程中,应对监测成果等资料进行系统管理与规范归档,保证技术资料的完

整性。项目结束后,应及时提交完整的技术资料,主要技术资料包括:

(1) 现状调查成果报告。
(2) 现状调查附图、附表。
(3) 其他技术资料。

成果资料内容及要求如表 5.3-1 所示。

成果资料内容及要求 表 5.3-1

序号	内容	要求
1	巡查概况	工程概况、巡查的区间、里程、环号等信息应详细说明
2	巡查目的	描述巡查的目的
3	巡查依据	详细罗列巡查所需规范、依据等信息
4	调查结果统计	列表简要统计各项调查成果(以下本表5~11为其详细内容)
5	渗漏水	成果报告应包括所在区间、环号、渗漏位置、调查日期、渗漏水描述及现场影像等
6	管片损伤	裂缝应该包括位置、环号、裂缝宽度、长度,并附有影像资料。其他管片损伤成果应包括位置、环号、现场影像照片等资料
7	管片错台	成果报告应该包括位置、环号、错台量
8	管片环缝张开	成果报告包括位置、环号、现场影像照片、张开量等信息
9	道床与管片脱开	成果报告包括位置、环号、必要的现场影像照片等信息
10	附属结构	成果报告主要为现场影像照片和裂缝成果报告
11	隧道三维激光扫描	成果报告包括三维激光扫描全断面收敛数据
12	总结	总结调查情况,对调查结果汇总说明
13	附图、附表	调查中发现的病害照片、裂缝测量数据图片

5.3.3 状态调查成果表及记录手簿

1. 区间状态调查成果表

见表 5.3-2。

区间状态调查成果表 表 5.3-2

环号	病害位置及标记	备注
1		
2		
3		
4		
5		
6		
7		

2. 附属结构状态调查成果表

见表 5.3-3。

5 城市轨道交通保护区内病害调查及记录流程

附属结构状态调查成果表 表 5.3-3

附属结构	病害位置及标记	备注
X出入口		车站主体
		附属结构

3. 车站状态调查成果表

见表 5.3-4。

车站状态调查成果表 表 5.3-4

车站结构	病害位置及标记	备注
一断面		

4. 病害调查记录手簿

见表 5.3-5。

病害调查记录手簿 表 5.3-5

工程名称： 测量范围： 行线 环至 环 第 页共 页
时间： 测量者： 记录者： 检查者：

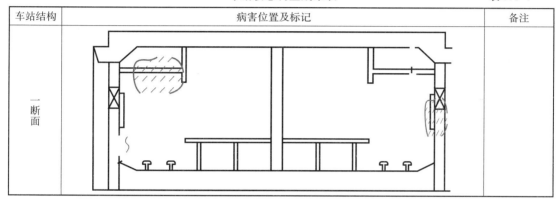

12点钟

5. 裂缝测量记录手簿

见表 5.3-6。

裂缝测量记录手簿　　　　　　　　　　　　　　表 5.3-6

工程名称：　　　　　测量范围：行线　　环至　环　　　　　第　页 共　页
时间：　　　　　　　测量者：　　　　　记录者：　　　　　　检查者：

序号	环号	裂缝编号	裂缝宽度	裂缝长度	裂缝数量

6. 错台测量记录手簿

见表 5.3-7。

错台测量记录手簿　　　　　　　　　　　　　　表 5.3-7

工程名称：　　　　　测量范围：行线　　环至　环　　　　　第　页 共　页
时间：　　　　　　　测量者：　　　　　记录者：　　　　　　检查者：

环号	错台宽度	错台宽度	环号	错台宽度	错台宽度

续表

环号	错台宽度	错台宽度	环号	错台宽度	错台宽度

6 轨道交通保护新型监控技术及应用

6.1 基于三维激光扫描成像技术隧道状态调查与应用

6.1.1 三维激光扫描成像技术工作原理

三维激光扫描成像系统适于在隧道运营过程中对隧道进行快速检测，为隧道建立数字化运营档案，指导维修作业，提高运营管理水平。

图 6.1-1 三维激光扫描系统工作原理示意图

其扫描主要原理为：激光扫描仪发射激光并以螺旋线形式对隧道进行全断面高密度扫描。采集软件通过分析发射和接收激光信号的强度，可以获得隧道衬砌内表面的影像信息，形成灰度图；通过分析发射激光信号和接收激光信号的相位差，可以获得隧道衬砌表面扫描点的二维坐标。配合全站仪的外部绝对定位，可以获得所有测量点的三维绝对坐标。三维激光扫描系统工作原理示意图如图 6.1-1 所示。

6.1.2 工程应用实例

6.1.2.1 工程概况

本次工程应用选取某河道工程，位于车站东侧。车行道走向沿东西方向布置，连接 G3/B1/B2-01 地块与 C2-12 地块地下三层，下穿规划某河港，车行道共设置 2 处，分别为车行道 A 和车行道 B，车行道 A 在轨道交通设施 100m 影响范围以外。

车行道 B 南侧为地铁 a 号线和地铁 b 号线的某盾构隧道区间，其中地铁某区间下行线位于新开挖河道正下方。

6.1.2.2 扫描范围及内容

为开展地铁安全保护工作，需要了解地铁隧道的运营现状，本次主要对地铁 b 号线某区间上、下行隧道结构进行调查，调查的地铁 b 号线里程桩号为上行隧道 K22+246～K21+946（355～251 环），下行隧道 K22+221～K21+961（360～253 环）。地铁 b 号线某区间调查内容如表 6.1-1 所示。

地铁 b 号线某区间调查内容　　　　表 6.1-1

序号	内容	数量	单位	备注
1	隧道断面尺寸	213	环	
2	高清影像图	1	张	

6.1.2.3 扫描成果分析

1. 变形分析

变形分析主要针对保护区范围内区间隧道的扫描情况进行了统计汇总,上行线(355~251环)、下行线(360~253环)水平直径与标准直径差异量在 $\Delta d<30$mm 的上行线有 92 环,下行线有 72 环;30mm$\leqslant\Delta d<40$mm 的上行线有 10 环,下行线有 36 环;40mm$\leqslant\Delta d<50$mm 的上行线有 3 环,下行线有 0 环;50mm$\leqslant\Delta d<60$mm 的上、下行线均为 0 环;$\Delta d>60$mm 的上、下行线均为 0 环。[水平直径差异量 $\Delta d=$(实测水平直径-标准水平直径)$\times 1000$,单位:mm。检测的拼装管片环标准水平直径为 5.5m]

将水平直径差异量大小分为五个区段进行统计,如表 6.1-2 所示,某区间上、下线直径差异量直方图如图 6.1-2、图 6.1-3 所示。可见:本次实测上行线隧道断面扫描横径值与标准圆差值,最大值为 43.4mm(第 353 环);下行线隧道断面扫描横径值与标准圆差值,最大值为 37.9mm(第 357 环)。

水平直径差异量情况统计　　表 6.1-2

管片数(环)		横径值与标准圆差值统计(单位:环)				
		$\Delta d<30$mm	30mm$\leqslant\Delta d<40$mm	40mm$\leqslant\Delta d\leqslant50$mm	50mm$\leqslant\Delta d\leqslant60$mm	$\Delta d>60$mm
上行线	105	92	10	3	0	0
下行线	108	72	36	0	0	0

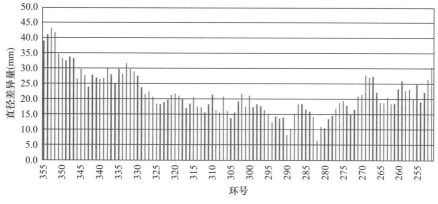

图 6.1-2　某区间上行线直径差异量直方图

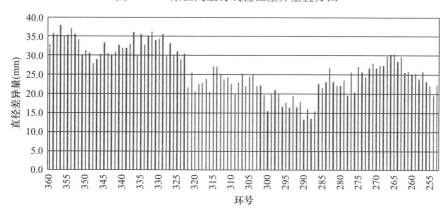

图 6.1-3　某区间下行线直径差异量直方图

上图中，椭圆度代表圆形隧道管片衬砌拼装成环后隧道最大与最小直径的差值与隧道设计内径的比值，以千分比表示。根据《盾构法隧道施工及验收规范》GB 50446—2017 中第 16.0.5 条管片拼装要求衬砌环椭圆度允许偏差为 6‰。将盾构管片环椭圆度偏差按小于 4‰、4‰～6‰、大于 6‰的数量进行统计，如表 6.1-3 所示，椭圆度计算公式：$T_d = (2a-2b)/$标准水平直径$\times 1000$，单位：‰，a、b 为实测隧道长半轴和短半轴，检测的拼装管片环标准水平直径为 5.5m。

椭圆度统计表　　　　　　　　　　表 6.1-3

管片数（环）	椭圆度对应管片数统计（环）		
	$T_d \leqslant 4‰$	$4‰ < T_d \leqslant 6‰$	$T_d > 6‰$
上行线　105	2	11	92
下行线　108	0	7	101

2. 病害识别

地铁隧道病害包括剥落、泅湿、衬砌裂缝等。这些病害都会降低隧道的使用年限和影响隧道结构的安全性，因此能够及时发现病害及时处理，对延长隧道使用年限，保障隧道结构安全具有重要意义。传统的方法是人工实地检查，工作效率低，隧道顶部状况不方便查看，获取信息非常有限。动态三维激光扫描系统在获取隧道结构点云的同时，也获取隧道结构的反射强度信息，可生成高清的 TIFF 图，为内业人工识别病害提供数据基础，当分辨率为 5mm×5mm 时可识别 0.3mm 裂缝。通过后处理软件进行人工标注后可生成病害识别 TIFF 图（图 6.1-4）、隧道检查汇总表（图 6.1-5）、隧道检查分布直方图（图 6.1-6）。

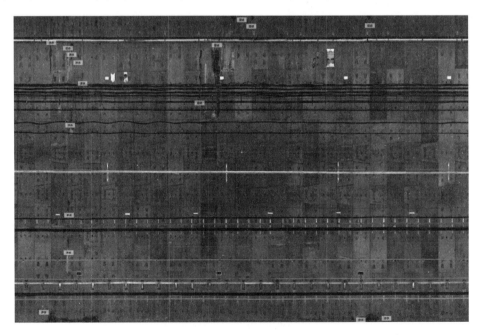

图 6.1-4　病害识别 TIFF 图

6.1.2.4 经济效益分析

与传统检测方法相比，三维激光扫描技术综合效益对比如表 6.1-4 所示。

6 轨道交通保护新型监控技术及应用

隧道检查汇总表					
线别：		上/下行：			
线路区间：上行		里程区间：K22+981.75~K23+289.11			
检查日期：2019年3月4日		制表：			
序号	名称	类型	数量	单位	检出数
1	剥落	病害	0.13	m	2
2	洇湿	病害	12.03	m	46
3	混凝土麻面	病害	2.39	m	1
4	裂缝(0.3~0.5mm)	病害	2.95	m	7
5	裂缝(>0.5mm)	病害	0.58	m	1
合计					57个(处)

图 6.1-5　隧道检查汇总表

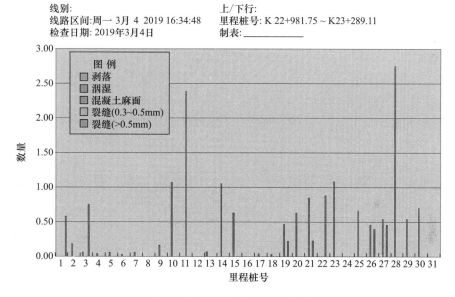

图 6.1-6　隧道检查分布直方图

三维激光扫描技术综合效益对比　　　　　　　　　　　表 6.1-4

	检测项目	传统方法	三维激光扫描	备注
1	管片收敛	15~20环/晚全站仪	2000环/晚	三维激光扫描较传统方法作业效率显著提高
2	错台	100环/晚游标卡尺	2000环/晚	传统方法只能检测两腰，若检测隧道顶部需登高作业
3	渗漏水	人工现场量测	高清影像识别	传统方法逐个拍照，估算面积，效率较低。三维激光扫描形成高清影像内业量取面积，效率高，可实现面积自动统计、分期对比
4	限界检测	实体框架限界检测车	数字限界模型	根据实体框架现场碰撞检测，耗费较多人力物力。三维激光扫描只需建立限界模型
5	接触网高度检测	导高检测仪	激光扫描	传统测量人工记数，效率较低。激光扫描，自动提取数据，效率较高

通过移动式三维激光扫描与传统方法对比分析可知，不管从时间还是费用上，移动式三维激光扫描技术都有很大的优势。在当前劳动力成本越来越高的情况下，能够在时间上取得提升，对于行业发展来说非常重要。此外，移动式三维激光扫描技术一次外业扫描，同步获得多项成果，可同时服务多个运营维护部门，也大大降低了人工成本。同时，该技术基于全断面高密度扫描特点，能够确保检测成果的全面性，有效避免传统检测数据以点带面的局限性和片面性，数字化系统的建设也保证了检测成果调用的安全与便捷。

6.1.3 小结

通过对隧道整体开展三维激光扫描，为地铁 b 号线某区间管片建立了基础数据信息。

基于每环管片的外观状态及几何尺寸，可了解隧道的变形情况，为隧道运营管理部门提供参考。

通过隧道的高清正射影像图，可以更好地了解每一环管片状况，有利于隧道病害的防范和治理。

建议对于水平直径差异量较大的管片区域加强巡视检查及结构检测，对现有状态进行分析评估，以便实时掌握隧道的稳定状态，确保隧道无病害运行。

6.2 基于惯导的移动三维测量技术在地铁保护区监测中的应用

三维激光扫描在地铁隧道中的应用很多，但是惯导系统与移动三维测量技术结合在隧道中的应用却很少，基于惯导的移动三维测量技术，可快速获取隧道结构的三维点云模型，基于点云模型进行水平位移和沉降监测。经过大量的试验测试，以全站仪测量结果为基准，验证该测量技术在地铁保护区变形监测中的可靠性。

6.2.1 基于惯导的定位定姿方法

移动三维测量系统一般采用线扫描模式获取隧道的点云数据，扫描仪根据激光线的射出角以及距离计算出扫描点的相对坐标，配合高精度惯导提供的轨迹信息可推算出扫描点的三维坐标。

扫描点云的三维绝对坐标精度取决于 INS 的精确定位。INS 在短时间内可获取扫描系统准确的轨迹信息，但是随着时间的增长，其精度会越来越差，因此，需要每隔一段时间对 INS 进行修正，以保证能够实时精确定位。基于 LiDAR/IMU/里程计紧组合模式定位定姿算法解决了 INS 误差随时间累积的问题。该方法首先组合 IMU/里程计模型，里程计记录移动载体的运动距离，根据记录的距离和时间可以独立解算出位置和速度，与 IMU 构成松组合模式，对惯导系统的位置、速度和姿态进行修正。

在 IMU/里程计组合中，误差在短时间内被抑制，但仍然会随时间增长。为了获取高精度轨迹信息，需要对 IMU/里程计累积误差进行修正，基于 LiDAR 控制点绝对坐标基准传递的高精度定位定姿方法可以解决这个问题。该方法通过引入外部高精度位置信息对累积误差进行修正，从而实现高精度定位。

6.2.2 LiDAR 控制点精度改善

IMU/里程计组合模型的误差能否得到准确修正，取决于外部控制点的监测精度以及控制点之间的距离。为提升外部控制点精度，研制了与圆棱镜共轴的装置，该装置可在水平和竖直方向旋转，测量棱镜中心的三维坐标即可得到 LiDAR 靶标（图 6.2-1）中心的位置。后处理时在点云中拾取 LiDAR 靶标中心，赋予全站仪测得的坐标值，即可对 IMU/里程计模型的累积误差进行修正。

6.2.3 扫描仪姿态角校正

移动式三维激光扫描系统是由激光扫描仪、IMU、里程计、倾斜传感器等多传感器集成的系统。各传感器的性能指标影响着整个系统的综合精度，由于设备的搬运和长期使用，导致各部件

图 6.2-1　LiDAR 靶标

轴系关系错位或硬件老化、磨损，设备在系统工作前需要进行检校，否则传感器所提供的数据质量无法得到保证。本研究主要对扫描仪的姿态角（滚动角、俯仰角）进行校正，来提升扫描系统的综合测量精度。

6.2.3.1　扫描仪滚动角检校

滚动角示意图如图 6.2-2 所示。

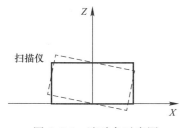

图 6.2-2　滚动角示意图

当扫描仪在安装时，底面有灰尘或其他障碍物以及安装不正确会造成图 6.2-2 中的扫描仪倾斜，当扫描仪如虚线位置进行测量时，小车不同朝向下测量同一个点时测得的水平和垂直位移会不同，当扫描仪没有倾斜时，同一点在不同朝向下的水平和垂直位移应该相同，当同一点的垂直位移相差超过 2mm 时，则需要进行垂直角即滚动角改正。

滚动角检测方法：

（1）在隧道两边的隧道壁上粘贴 4 张以上 A4 纸打印的黑白标靶，每张标靶纸注明序号方便内业区分。

（2）放置移动式三维激光扫描系统在隧道，正向推行一次；小车调向后反向推回来。此过程重复两次，以作检核。

（3）在内业处理软件 Map 图中分别拾取正反向数据中对应位置靶标的相对坐标 UTC X、UTC Y，两个作业的坐标分别为 (x_1, y_1)，(x_2, y_2)，然后按照式（6.2-1）计算扫描仪的滚动角 V。

$$V = \operatorname{actan}\frac{\dfrac{y_1-y_2}{2}}{\dfrac{x_1+x_2}{2}} = \operatorname{actan}\frac{y_1-y_2}{x_1+x_2} \qquad (6.2\text{-}1)$$

校正方法：

（1）扫描仪滚动角的校正是通过修改原始文件夹下的头文件，通过修改指定位置的参数即可在预处理时对采集的原始数据做投影，使投影后的点云数据反映隧道的真实轮廓。

（2）校正后需重复检测步骤，重新计算滚动角，检测校正后的滚动角是否减小，滚动角示意图如图 6.2-3 所示。

6.2.3.2 扫描仪俯仰角检校

俯仰角示意图如图 6.2-4 所示。

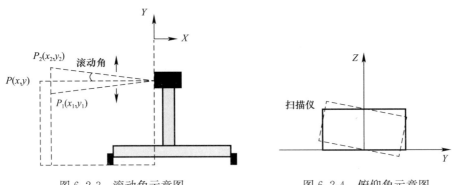

图 6.2-3 滚动角示意图　　图 6.2-4 俯仰角示意图

正常情况扫描仪安装应如图 6.2-4 中实线方框所示，当小车垂直于轨道行走时，扫描仪所测的截面应垂直于轨道与隧道正交，若地铁隧道是标准圆的话，则扫描仪所测截面就为标准圆。但当扫描仪由于安装或者灰尘影响导致扫描仪在行走方向上有一个倾角（前倾或后倾），会导致扫描仪所测的截面不垂直于轨道，也不与隧道正交，扫描仪所测的截面应为椭圆。

具体的俯仰角检测方法如下：

（1）在隧道底部布设至少两个用 A4 纸制作的黑白靶标，将移动式三维激光扫描系统正向放置在轨道上推行一次；将移动式三维激光扫描系统调向后反向推回来。此过程至少进行两次以作检核。

（2）通过后处理软件拾取正反两个作业中隧道底部黑白靶标中心的里程，将两个靶标中心的里程校正为相同里程。分别拾取两个作业中隧道顶部相同特征点的里程 x_1、x_2，通过式（6.2-2）计算扫描仪的俯仰角：

$$\alpha = \text{actan} \frac{\dfrac{x_1 - x_2}{2}}{D} \tag{6.2-2}$$

式中，D 为隧道高度，可通过断面图获取。

校正方法：

（1）扫描仪俯仰角的校正是通过修改原始文件夹下的头文件，通过修改指定位置的参数即可在预处理时对采集的原始数据做投影，使投影后的点云数据反映隧道的真实轮廓。

（2）校正后需重复检测步骤，重新计算俯仰角，检测校正后的俯仰角是否减小。

6.2.4 精度验证

为验证基于惯导的移动三维测量系统在外部控制点约束下的水平位移和沉降监测精度，制定了实施方案。试验场地在某地铁区间，通过实地踏勘选取将近 240m 的隧道作为测试场，该区间属于圆形盾构隧道，内径为 5.5m，衬砌由 5～6 块钢筋混凝土管片拼装而成，管片宽度为 1.2m，采用错缝拼接，隧道为直线有坡度环境，有利于从水平方向和竖直方向分析移动三维测量系统的监测精度。

对于控制点的监测,一般按照极坐标法进行监测,用式(6.2-3)计算靶标坐标:

$$X_B = X_A + S \times \cos\alpha$$
$$Y_B = Y_A + S \times \sin\alpha \tag{6.2-3}$$
$$h = S_t \times \cos\beta$$

式中,S 表示全站仪所测平距,α 表示水平角,S_t 为斜距,β 为天顶距,h 为高差。

求导后,得到式(6.2-4):

$$\sigma_x^2 = \cos^2\alpha \times \sigma_s^2 + S^2 \times \sin^2\alpha \times \frac{\sigma_\alpha^2}{\rho^2}$$
$$\sigma_y^2 = \sin^2\alpha \times \sigma_s^2 + S^2 \times \cos^2\alpha \times \frac{\sigma_\alpha^2}{\rho^2} \tag{6.2-4}$$
$$\sigma_h^2 = \sigma_s^2 + (\frac{S_t^2}{\rho^2} \times \sigma_\beta^2 - \sigma_s^2) \times \sin^2\beta$$

式中,ρ 为一弧度对应的秒值约为 206265s,σ_β 为竖直角的测角误差,σ_h 为控制点中误差,σ_x、σ_y 为各测点的 x 轴、y 轴中误差。

6.2.4.1 控制点平面精度

通过式(6.2-5)可发现控制点的点位精度与全站仪的测距误差和测角误差以及测量的距离有关。采用徕卡的 TM50 全站仪进行测量,有棱镜模式下的测距精度±(0.6mm+1ppm×D),测角精度 0.5″,假设全站仪测量的最远处控制点距离全站仪 120m,则测距中误差 $\sigma_s = 0.00072$m,测角中误差 $\sigma_\alpha = 0.5″$,按式(6.2-5)计算得到点位中误差 $\sigma_p = 0.8$mm。

$$\sigma_p^2 = \sigma_x^2 + \sigma_y^2 = \sigma_s^2 + \frac{S^2}{\rho^2}\sigma_\alpha^2 \tag{6.2-5}$$

采用极坐标法监测四测回,则所测控制点平面精度为 0.4mm。

6.2.4.2 监测点精度分析

本精度评定方法是以全站仪测得棱镜中心三维坐标(x_r, y_r, z_r)为基准值,移动三维测量系统测得靶标中心三维坐标(x_p, y_p, z_p)为实测值,通过式(6.2-6)计算该测量系统三个方向的方向中误差:

$$\sigma_x = \pm\sqrt{\frac{\sum_{p=1}^{n}(x_p - x_r)^2}{n}}$$
$$\sigma_y = \pm\sqrt{\frac{\sum_{p=1}^{n}(y_p - y_r)^2}{n}} \tag{6.2-6}$$
$$\sigma_z = \pm\sqrt{\frac{\sum_{p=1}^{n}(z_p - z_r)^2}{n}}$$

由式(6.2-6)得到在不同靶标约束间距 60m、120m、240m 约束下基于惯导的移动三维测量系统在三个方向的方向中误差 σ,如表 6.2-1 所示。

方向中误差 σ 表 6.2-1

方案	靶标约束间距（m）	水平方向（mm）	中轴线方向（mm）	竖直方向（mm）
1	60	±0.75	±8.10	±0.72
2	120	±0.76	±8.90	±0.98
3	240	±0.76	±9.00	±1.12

通过统计表的数据发现：各方向的精度与隧道线型有关，隧道在水平方向（x轴方向）保持不变，该方向的精度比较稳定，基本保持在±0.76mm；沿隧道中轴线方向（y轴方向）由于航向角无法修正，存在系统性误差，整体在±9mm；隧道在竖直方向（z轴方向）不断变化，其方向中误差随着靶标约束间距增大而增大，该方向测量精度最优，可达±0.72mm。

6.2.5 小结

本节介绍了移动三维激光扫描配合惯导系统进行定位定姿的方法，并分析和推导了定位定姿方法的主要过程。重点研究了基于 LiDAR 控制点精度改善的方法，最后通过实地测试场验证，证实了基于移动式三维激光扫描系统配合惯导技术可进行隧道的水平位移和沉降监测。

6.3 基于全站仪串联技术长距离隧道自动化监控技术及应用

6.3.1 全站仪自动化监测原理

轨道交通自动化变形监测通常在监测区域内架设 1 台测量机器人，在监测区域外布设后视基准点，通过后方交会方法对测量机器人进行设站定向后，再对监测区域进行自动化监测。单台测量机器人串联自动化监测原理图如图 6.3-1 所示。

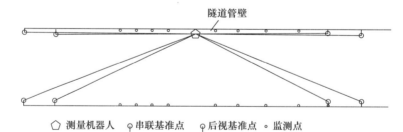

图 6.3-1 单台测量机器人串联自动化监测原理图

但要保证测量精度，则全站仪视线长度不宜超过 100m，当监测区域超过 200m，或者监测区域隧道中线转弯弧度较大，一台全站仪难以监测所有监测点时，则需要布设两台或两台以上全站仪，并将两台及两台以上全站仪进行串联自动化监测。

6.3.2 两台及多台全站仪串联设计方案

6.3.2.1 两台全站仪串联方案

目前，两台全站仪串联的方法有很多种，有附合导线串联法、支导线法、公共点串联法等。采用的方案为公共点串联法,其优点是实现简单,计算方便,但其也存在对串联点精度要求高,监测区域不能太长等缺点。

公共点串联法的基本原理为:采用两台全站仪串联时,除布设常规后视基准点外,还需要布设串联基准点作为两台全站仪的工作基准点,将两台全站仪串联起来,全站仪串联自动化监测示意图如图6.3-2所示。

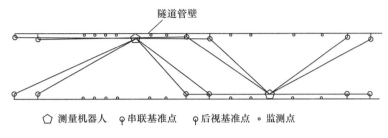

图6.3-2 全站仪串联自动化监测示意图

1. 串联基准点设置

为保证测量精度,公共点串联法通常采用高精度360°棱镜。其特点是:从任意方向均可测量且棱镜中心唯一,各方向测量误差小于0.1mm。

2. 串联方案设计

两台全站仪串联测量过程与单台全站仪测量过程基本类似,其过程如下:

(1) 全站仪A依次测量其附近的后视基准点、串联基准点。

(2) 全站仪B依次测量其附近的后视基准点、串联基准点。

(3) 后台计算软件根据测量数据,将两台全站仪测量成果进行整体平差,计算两台全站仪的坐标及方位,完成设站定向。

(4) 两台全站仪依次测量各监测点。

6.3.2.2 三台全站仪串联设计方案

1. 系统实施

(1) 安装全站仪:上行区域和下行区域各安装3个全站仪支架,安放6台全站仪。

(2) 安装基准点:上行区域和下行区域基准点分别为16个,8个在远离变形区域的大里程方向,8个在远离变形区域的小里程方向。

(3) 安装偏置棱镜:在全站仪安装支架上朝向另一台仪器的方向安装偏置棱镜。

(4) 安装背靠背棱镜,在两台仪器之间1/3、2/3处安装背靠背棱镜。

(5) 监测断面(监测点):按线路里程的前进方向,每6m设立一个监测断面,每个监测断面设立5个监测点;监测棱镜沿全站仪视线方向分布,且镜面垂直于全站仪视线。具体监测棱镜的布设位置需经过现场安装测试,以解决小视场角的问题。

(6) 安装电箱,接上市电。电箱离仪器距离不超过1m,不能遮挡全站仪视线。

(7) 通信调试:仪器通信调试。

(8) 项目建立:采集监测点初始测量值,在GeoMoS上建立项目,测量1~2d后取初始值。

2. 控制网布设

自动化监测系统采用独立坐标系,整个控制网的网形须科学,结构要合理。控制基准点一定要布设在不易产生结构变形的位置，所有基准点布设应避开设备并满足限界要求，布设时须避开隧道内电线电缆、接触网等设施，并且工务推车等不易碰触的地方。

初始监测时，首先假设一测站坐标，以平行于基坑边线方向作为东方向进行方位定向。然后依次在3个测站上用全圆监测法测量四测回，得到测站、基准点、偏置点之间的角度和距离，最后通过COSA平差软件计算得到各点的初始值坐标。

为保证监测有较高的测量精度，上下行隧道内各布设16个GPR1型号基准点，暂定8点布设在小里程车站内位置，另8点布设在大里程位置，全站仪串联仪器与棱镜示意图如图6.3-3所示。

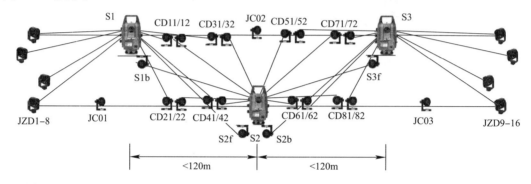

测站：S1，S2，S3
基准点：JZD1，JZD2，ZD3，…，JZD14，JZD15，JZD16
传递点：S1b，S2f，S2b，S3f，CD11/12，CD21/22，CD31/32，CD41/42，CD51/52，CD61/62，CD71/72，CD81/82
监测点：JC01，JC02，JC03，…

图6.3-3　全站仪串联仪器与棱镜示意图

6.3.3　多台全站仪串联测量计算

多台全站仪进行串联的计算原理为间接平差。已知值为后视基准点坐标和高程，测量值为两台全站仪至后视基准点和串联基准点的斜距、水平角及竖直角，未知值（待计算值）为两台全站仪的坐标和高程、串联基准点的坐标和高程。

以图6.3-3为例，则已知值个数为$8 \times 3 = 24$个，测量值个数为$16 \times 3 = 48$个，未知量为$(2+4) \times 3 = 18$个。

其计算原理如下：

1. 相关术语定义

α：水平角；　　　　　　　　　　　　β：竖直角；
E：天顶距（$\pi/2 - \beta$），全站仪测得的VA角；　θ：旋转角；
λ：仪器高；　　　　　　　　　　　　τ：目标高；
SD：斜距；　　　　　　　　　　　　　HD（S）：平距；
DH：高差；　　　　　　　　　　　　　R：地球半径（6378000m）；
K：垂直折光系数（0.13）；　　　　　　ρ''：弧度转秒（$1RD = 206265''$）；
上标$^\circ$：近似值（估值）；　　　　　　　上标$^\sim$：监测值的改正数；
（监测值不能作为近似值，近似值用近似坐标反算）
X_0，Y_0，θ_0：0号点坐标；

已知量：已有控制点坐标$(X_1, Y_1, Z_1), \cdots, (X_n, Y_n, Z_n)$；

监测量：全站仪重新测得控制点方位角和斜距$(\alpha_{01}, \beta_{01}, SD_{01}), \cdots, (\alpha_{0n}, \beta_{0n}, SD_{0n})$；

未知量：X_0, Y_0, Z_0, θ_0；

B：矩阵系数；

l：随机误差；

V：改正数。

2. 计算全站仪的高程

$$DH_{01} = SD_{01}\sin\beta_{01} + (1-K)\frac{SD_{01}^2}{2R}\cos\beta_{01} + \lambda_1 + \tau_1$$

$$DH_{02} = SD_{02}\sin\beta_{02} + (1-K)\frac{SD_{02}^2}{2R}\cos\beta_{02} + \lambda_2 + \tau_2$$

……

$$DH_{0n} = SD_{0n}\sin\beta_{0n} + (1-K)\frac{SD_{0n}^2}{2R}\cos\beta_{0n} + \lambda_n + \tau_n$$

由以上各值求平均值得全站仪的高程Z_0：

$$Z_0 = H_0 = \frac{1}{n}\sum_{i=1}^{n}(H_i - DH_{0i}) \tag{6.3-1}$$

3. 平面平差求差(X_0, Y_0, θ_0)

（1）斜距改平距：

$$HD = S = \sqrt{SD^2 - DH^2} \tag{6.3-2}$$

以下平距均用S表示，那么可以得出n个如下所示的平距值：

$$HD_i = S_i = \sqrt{SD_{0i}^2 - DH_{0i}^2}, i \in (1, n) \tag{6.3-3}$$

（2）计算各近似值（近似值是计算出来的，不能用监测值代替）：

$$\alpha_{0i}^{\circ} = \tan^{-1}\frac{\Delta Y_{0i}^{\circ}}{\Delta X_{0i}^{\circ}}, i \in (1, n) \tag{6.3-4}$$

注：此处需要根据ΔY_{0i}°，ΔX_{0i}°的符号判断α_{0i}°的取值［当$\Delta X_{0i}^{\circ} < 0$时，$\alpha_{0i}^{\circ} = \tan^{-1}\frac{\Delta Y_{0i}^{\circ}}{\Delta X_{0i}^{\circ}} + \pi, i \in (1, n)$］。

其中：

$$\Delta Y_{0i}^{\circ} = Y_i - Y_0^{\circ}, i \in (1, n) \tag{6.3-5}$$

$$\Delta X_{0i}^{\circ} = X_i - X_0^{\circ}, i \in (1, n) \tag{6.3-6}$$

同时：

$$S_{0i}^{\circ} = \sqrt{\Delta X_{0i}^{\circ 2} + \Delta Y_{0i}^{\circ 2}}, i \in (1, n) \tag{6.3-7}$$

（3）按照间接平差最小二乘原理列出平差公式：

$$V = B\hat{X} - l \tag{6.3-8}$$

列方程（有多少监测值就有多少方程）：

$$\hat{\alpha}_{0i} = \frac{\rho''\Delta Y_{0i}^{\circ}}{(S_{0i}^{\circ})^2}\hat{X}_0 - \frac{\rho''\Delta X_{0i}^{\circ}}{(S_{0i}^{\circ})^2}\hat{Y}_0 - \hat{\theta}_0 - (\alpha_{0i} - \alpha_{0i}^{\circ}), i \in (1, n) \tag{6.3-9}$$

注：上式中若角度单位采用弧度时，不需要乘以系数 ρ''。

$$\hat{S}_{0i} = -\frac{\Delta X_{0i}^{\circ}}{S_{0i}^{\circ}}\hat{X}_0 - \frac{\Delta Y_{0i}^{\circ}}{S_{0i}^{\circ}}\hat{Y}_0 - \hat{\theta}_0 - (S_{0i} - S_{0i}^{\circ}), i \in (1, n) \quad (6.3\text{-}10)$$

令

$$V = (\hat{\alpha}_{01}, \cdots, \hat{\alpha}_{0n}, \hat{S}_{01}, \cdots, \hat{S}_{0n})^{\mathrm{T}} \quad (6.3\text{-}11)$$

$$l = [(\alpha_{01} - \alpha_{01}^{\circ}), \cdots, (\alpha_{0n} - \alpha_{0n}^{\circ}), (S_{01} - S_{01}^{\circ}), \cdots, (S_{0n} - S_{0n}^{\circ})]^{\mathrm{T}} \quad (6.3\text{-}12)$$

$$\hat{X} = (\hat{X}_0, \hat{Y}_0, \hat{\theta}_0)^{\mathrm{T}} \quad (6.3\text{-}13)$$

$$B = \begin{bmatrix} \dfrac{\rho'' \Delta Y_{01}^{\circ}}{(S_{01}^{\circ})^2} & -\dfrac{\rho'' \Delta X_{01}^{\circ}}{(S_{01}^{\circ})^2} & -1 \\ \cdots & \cdots & \cdots \\ \dfrac{\rho'' \Delta Y_{01}^{\circ}}{(S_{0n}^{\circ})^2} & -\dfrac{\rho'' \Delta X_{0n}^{\circ}}{(S_{0n}^{\circ})^2} & -1 \\ -\dfrac{\Delta X_{01}^{\circ}}{S_{01}^{\circ}} & -\dfrac{\Delta Y_{01}^{\circ}}{S_{01}^{\circ}} & 0 \\ \cdots & \cdots & \cdots \\ -\dfrac{\Delta X_{0n}^{\circ}}{S_{0n}^{\circ}} & -\dfrac{\Delta Y_{0n}^{\circ}}{S_{0n}^{\circ}} & 0 \end{bmatrix} \quad (6.3\text{-}14)$$

4. 根据最小二乘原理求解上述方程

$$\hat{X} = (B^{\mathrm{T}} P B)^{-1} B^{\mathrm{T}} P l \quad (6.3\text{-}15)$$

其中 P 为权阵，且有：

$$P = \begin{bmatrix} 1 & & & & & \\ & \cdots & & & & \\ & & 1 & & & \\ & & & \dfrac{0.5^2}{2} & & \\ & & & & \cdots & \\ & & & & & \dfrac{0.5^2}{2} \end{bmatrix}_{2n \times 2n} \quad (6.3\text{-}16)$$

如此可得：

$$X = (X_0, Y_0, \theta_0)^{\mathrm{T}} = (X_0^{\circ}, Y_0^{\circ}, \theta_0^{\circ})^{\mathrm{T}} + (\hat{X}_0, \hat{Y}_0, \hat{\theta}_0)^{\mathrm{T}} \quad (6.3\text{-}17)$$

5. 对计算结果进行精度评定

由式（6.3-11）有：

$$V = (\hat{\alpha}_{01}, \cdots, \hat{\alpha}_{0n}, \hat{S}_{01}, \cdots, \hat{S}_{0n})^{\mathrm{T}} = B\hat{X} - l \quad (6.3\text{-}18)$$

由此可以得出单位权中误差：

$$\delta_0 = \pm \sqrt{\dfrac{V^{\mathrm{T}} P V}{n - t}} \quad (6.3\text{-}19)$$

式中，n 为监测值个数，t 为未知量个数。

6.3.4 应用实例

本节以某地铁保护区项目为例进行介绍。

6.3.4.1 监测系统组成

全站仪串联自动化监测系统主要由监测软件系统、无线数据传输系统、全站仪、气象传感器、网络服务器等组成。

1. 监测软件系统

监测软件系统包括端口管理软件、监测控制软件、数据处理软件。

无线传输模块用来传输全站仪及传感器采集的数据，同时也是监测软件指令发送通道，本系统采用无线模块，该模块支持远程开关机及 IO 控制，自带逻辑控制可实现自动重连功能。无线模块及软件的配置只需要管理员配置。

2. 全站仪及传感器

本系统采用的全站仪，目前已经实现了指令发送及数据获取等功能，传感器有温度传感器、湿度传感器、气压传感器等类型。

6.3.4.2 监测系统稳定性分析

现场监测试验的 360°棱镜于 2020 年 1 月 14 日开始实施，截止于 2020 年 4 月 10 日，历时 3 个月。背靠背棱镜开始于 2020 年 3 月 23 日，截止于 2020 年 4 月 10 日。360°棱镜与背靠背棱镜均用于基准点坐标传递。监测数据有效性统计如表 6.3-1 所示：

监测数据有效性统计　　　　　　　　　　　　　　　表 6.3-1

点名	实际测量次数	有效测量总数	有效测量百分比	备注
A03	402	259	64.4%	360°棱镜
A04	402	286	71.1%	360°棱镜
LC-ADD-01	120	50	41.7%	圆棱镜
LC-ADD-02	120	55	45.8%	圆棱镜
LC-ADD-03	121	81	66.9%	圆棱镜

无效测量情况主要包括目标照错或没有测到两种情况。从上表的统计可知，各棱镜的有效测量百分比较低，主要是由以下原因造成：

（1）监测时间段在 24h 均匀分布，行车时间段受行车干扰较多。

（2）监测点 LC-ADD-01、LC-ADD-02 与全站仪布设在同一侧管壁上，由于视线空间较小，受其他监测断面的棱镜干扰较大，有效测量次数低于对面管壁上的点。

以上棱镜每天的有效测量次数均在 3 次以上，可以满足现场监测频率的需求。

6.3.4.3 监测数据可靠性及精度分析

通过对两台全站仪组网进行自动监测结果分析，水平位移及沉降监测各选取了 5 个断面，每个断面连续测量 54 期，总计水平位移 270 点次，沉降监测 270 点次。测量结果显示，水平位移单次变量超过 0.5mm 的有 8 次，最大 0.94mm，占总测次的 3%，单次变量小于 0.5mm 的测次占总测次的 97%。沉降与水平位移的变形趋势也与现场工况相符。由此可见监测数据是可靠的，监测精度可以满足现场监测的要求。

6.3.4.4 监测精度可靠性验证

为验证自动化监测系统的可靠性及准确性，于 2020 年 3 月 15 日进行了一次人工校核，人工校核仪器为与自动化监测同等精度的全站仪，标称测距精度为±（0.6mm＋1ppm），测角精度±0.5″。

人工校核时，拆下自动化监测仪器，将人工监测仪器安装在自动化监测仪器支架上。

为保证测量成果具有可比性，本次人工测量步骤与自动化测量步骤相同，首先进行后方交会，测量全站仪所在位置的精确坐标，人工后方交会坐标与自动化后方交会坐标对比结果见表6.3-2。

人工后方与自动化后方交会结果对比 表6.3-2

点号	自动化坐标		人工计算坐标		人工与自动计算差值		备注
	X (m)	Y (m)	X (m)	Y (m)	X (mm)	Y (mm)	
O	999.9968	1000.0017	999.9966	1000.002	0.2	1.5	

从表6.3-2可以看出，人工后方交会结果与自动化后方交会结果最大仅相差1.5mm，无显著差异，可见自动化监测系统后方交会结果准确无误。

人工交会完成后，经检查交会精度及残差，确认各后视点间内部符合性较好，排除有后视棱镜出现位移的情况。

后方交会完成后，进行监测点坐标测量，部分监测点人工测量结果与自动化测量结果对比如表6.3-3所示，由于人工测量较慢，选择了远距离和近距离部分监测点进行对比测量。

人工测量结果与自动化测量结果对比 表6.3-3

点号	距离 (m)	人工测量结果		自动化测量结果		人工与自动计算差值	
		东坐标 Y (m)	北坐标 X (m)	东坐标 Y (m)	北坐标 X (m)	X (mm)	Y (mm)
DMR1-L	99.9	916.2889	945.7298	916.2907	945.728	1.8	−1.8
DMR2-L	93.9	921.47	948.6995	921.4719	948.6982	1.9	−1.3
DMR3-L	87.9	926.6637	951.7059	926.6654	951.7039	1.7	−2.0
DMR4-L	81.9	931.8748	954.7148	931.8769	954.7123	2.1	−2.5
DMR5-L	75.9	937.0707	957.7182	937.0723	957.7166	1.6	−1.6
DMR7-L	64.0	947.4143	963.7148	947.416	963.7134	1.7	−1.4
DMR15-L	16.1	989.0723	987.7529	989.0729	987.7528	0.6	−0.1
DMR16-L	10.2	994.304	990.7584	994.3046	990.7587	0.6	0.3
DMR17-L	4.8	999.5039	993.7955	999.5047	993.7959	0.8	0.4
DMR18-L	3.8	1004.7501	996.8012	1004.7508	996.8019	0.7	0.7
DMR19-L	8.9	1009.9865	999.8497	1009.9871	999.8506	0.6	0.9
DMR20-L	14.6	1015.1087	1002.8037	1015.1093	1002.8049	0.6	1.2
DMR21-L	20.6	1020.4017	1005.8484	1020.4021	1005.85	0.4	1.6
DMR15-R	16.0	986.3785	992.3945	986.3789	992.3942	0.4	−0.3
DMR16-R	10.1	991.6355	995.4356	991.6359	995.4357	0.4	0.1
DMR17-R	4.5	996.8087	998.4356	996.8091	998.4358	0.4	0.2
DMR18-R	3.4	1002.0251	1001.4445	1002.0255	1001.4453	0.4	0.8
DMR19-R	8.7	1007.2764	1004.4815	1007.2767	1004.4824	0.3	0.9
DMR20-R	14.5	1012.4234	1007.4551	1012.4237	1007.4563	0.3	1.2

从表6.3-3可以看出，人工测量与自动化测量坐标差异最大为−2.5mm，且表现为离全站仪距离越远，差异越大，距离越近差异越小，这与实测测量误差的规律相符。

离全站仪较近的断面DMR15～DMR20监测面差异最大仅为1.2mm，大部分监测点差异小于0.5mm。可见，距离较近的情况下，人工测量与自动化测量成果无显著差异，当距离较远时，由于测量误差增大，两者间的差异增大。

出现变形的DMR15～DMR18监测断面人工测量结果与自动化测量结果相当吻合。自动化测量系统测量结果总体上与人工测量成果相符。

6.3.5 小结

在长距离隧道监测中，利用多台测量机器人组网进行自动化监测，可以满足现场监测的需求。基于监测坐标传递及间接平差的理论，在测量机器人数量不变情况下，可以有效扩大监测范围，可以克服在曲线隧道中测站间不通视的问题。

通过本监测理论，两台测量机器人串联测量，在两端有稳定工作基点的前提下，监测范围可达到260m，测量精度在0.5mm以内。在同等精度下，比传统监测方法扩大监测范围约100m。同时也有效解决了隧道曲线段两台全站仪不通视的问题。

6.4 基于无人机及手持巡查设备保护区监护巡查技术及应用

6.4.1 无人机及手持巡查设备介绍

6.4.1.1 无人机设备介绍

无人驾驶飞机简称无人机，英文缩写为UAV，是利用无线电遥控设备和自备的程序控制装置操纵的不载人飞机，或者由车载计算机完全地或间歇地自主操作。

与有人驾驶飞机相比，无人机往往更适合那些太"愚钝，肮脏或危险"的任务。

城市轨道交通工程无人机巡查作业主要集中于对沿线违规作业的排查及定位。其移动作业车可根据实际航飞任务提前到达无人机异地降落的位置，每个标段配备若干台移动作业车实现管辖线路任意段的自主化精准飞行巡查，相比传统的视频巡查更具安全性、灵活性和经济性。

其系统主要由智能机巢或者移动飞巡专用作业车及配套车载智能组件、U880高精度自主飞巡无人机、智慧巡查机群作业控制中心、智慧巡查机群云控制平台和输电线路智能巡查管控平台等产品构成，实现任意管辖线路段的自主化长距离高精度飞巡、异地起降、云监管、数据智能分析处理。

与传统的视频监测相比，无人机巡查拍摄位置更高，对工地全局把控更为清晰，在工地进行吊装等重要操作时，可更为灵活地、多角度地监控该区域施工安全问题。

6.4.1.2 手持巡查设备介绍

手持巡查设备一般基本通过射频识别、红外感应器、全球定位系统、激光扫描器等信息传感设备，按约定的协议，将设备与互联网相连接，进行信息交换和通信，并结合云计算功能，实现智能化识别、定位、追踪、监控和管理。其主要实现对日常地铁保护巡视查查信息的上报，根据巡查内容，选择"线路违法施工""线路附属设施""项目""隧道"进行信息录入。巡查内容支持照片和视频记录上传（上传视频信息前提示所在的网络环境）等功能。

巡查的内容主要包括：对地铁保护区内违法施工、附属设施、工程工况、地铁设施进行巡查，及时发现和处理违规违建及内部工程隐患，保护地铁运营；高精度定位、导向型自动定位拍摄比对；对巡查人员实施管控，巡查轨迹实时查看；线路巡查由地铁公司或委托的第三方单位进行，考虑按地铁线路动态展示巡查工点；针对巡查发现的违法施工情况,在沿线 GIS 地图中予以标记,并显示其概况内容等。

6.4.2 无人机深基坑工程保护区巡查作业要点

采用无人机对深基坑工程进行现场巡查,主要目的在于发现保护区范围内基坑工程施工过程中存在的风险。在系统设计之前,首先应确定无人机进行飞行巡查时可以监控的深基坑安全风险,同时针对安全风险制出适合无人机自动视频监控的深基坑拟监控项目表与风险响应机制。

6.4.2.1 深基坑风险事故表现形式

深基坑工程风险事故通常表现为以下几类:

(1) 支护结构失稳

深基坑支护结构的失稳可能由多种原因造成,常见的原因有支撑体系强度不够导致围护墙倾倒破坏、放坡较陡造成坑内土体滑坡、踢脚破坏等风险事故。

(2) 地下水作用

基坑开挖时,若坑底和坑壁长期处于地下水淹没的状态,则土体强度降低,基坑的安全和稳定受到威胁。地下水在基坑工程施工过程中存在的危害主要表现为突涌、流沙和管涌等。

(3) 基坑引发的周边环境破坏

包括地下管线变形或开裂、道路沉降或开裂、建筑物、既有轨道交通结构出现裂缝等。

(4) 机械伤人

深基坑施工中工人的伤害事故多为不规范操作造成的机械电器对施工人员或其他人员造成的伤害。主要表现为起重作业时的高空坠落伤害、焊接不规范造成的火灾、挖掘机等机械的不安全使用造成的伤害等。

通过上述统计分析可得出,监测支护结构的稳定性、地下水作用、周边环境的破坏情况、施工人员机械使用的规范与否是深基坑施工的主要安全风险,也是进行深基坑安全监控的主要任务。

6.4.2.2 无人机深基坑工程安全风险监控项目清单

针对深基坑安全监控的主要任务,结合无人机飞行平台成像范围较大的特点,构建出无人机安全监控项目清单,如表 6.4-1 所示。

无人机安全监控项目清单 表 6.4-1

安全风险	监控项目	风险因素示例
支护结构失稳	支护结构	支护桩/墙体出现裂缝;冠梁、腰梁出现变形或裂缝;支撑架设不及时
	开挖放坡	开挖放坡过陡;基坑边坡位移;基坑暴露时间过长
地下水破坏作用	降水工作	降水设备未排水;基坑侧壁或基底出现管涌、流沙
	开挖进度	基坑开挖过快
周边环境影响	周边环境	建筑物、既有轨道交通结构出现裂缝;地表出现裂缝、沉陷、隆起
机械电器伤人风险	起重作业	汽车起重机单点起吊;作业人员在汽车起重机下方
	其他机械设备	挖掘机、运输车违规载人

6.4.2.3 无人机深基坑工程巡查风险等级划分与响应

无人机在深基坑施工现场进行安全监控时,根据监控项目清单,结合拟监控工点的施工进度确定飞行路线与巡查区域,并判断监控项目是否正常。对于不同的安全风险因素进行风险等级的判定和划分，并采取不同的风险响应机制与监控力度。

基于二八法则和 ABC 分类法将深基坑安全风险因素分为三级，并在施工现场进行为期 4 周的监测，记录安全风险因素的监测次数，以发生的频率从大到小排序，做成帕累托图。根据二八法则和 ABC 分类法的基本原理，将频率累计在 0～80% 的因素定为 A 类因素，即重要风险因素。在这一区间的安全风险因素应进行最优先级的重点监控和关注；频率累计在 80%～90% 的因素定为 B 类因素，即次要级风险因素，在这一区间的安全风险因素应得到较高一级的监控；将频率累计在 90%～100% 的因素定为 C 类因素，即一般风险级因素，在这一区间的安全风险因素应得到一般监控。根据频率统计，对于一般深基坑施工而言，钢支撑架设不及时、支护桩出现裂缝、路面塌陷、管线损坏、管涌等是 A 类因素，在此安全风险监控中将其设定为 A 类重点监控项目；机械设备伤人、高空坠物打击等累计比例处于 80%～90%，将其设定为 B 类较高一级监控项目；土体滑坡、降水设备运转异常等属于 C 类因素，设定为一般监控项目。

风险等级划分如表 6.4-2 所示。

风险等级划分 表 6.4-2

风险级别	监控等级	风险因素示例	风险响应
A 级	重点监控与响应	钢支撑架设不及时、基坑暴露时间过长、支护桩出现裂缝、路面塌陷、管线损失、管涌	施工企业公司高层、项目经理、业主及现场代表、监理单位高层及现场监理总工、安监部门领导
B 级	较高一级监控与响应	机械设备伤人、起重作业高空坠物、放坡过陡、开挖过快	施工企业公司高层、项目经理、业主代表、监理单位现场监理总工、安监部门巡查人员
C 级	一般监控	土体滑坡、降水设备运转异常、焊接不规范	施工企业项目经理、业主代表、监理现场监理总工、监理员

6.4.2.4 设置风险预警规则

无人机风险巡查可基于视觉传达理论设置传达与声光报警规则。可在无人机上搭载小型机载扩音器，在每个划分区域中架设的信号塔上安装信号灯和大型扩音器。机载扩音器和大型扩音器同步传达施工指挥中心发出的纠偏指令。信号灯根据声光报警规则发出光学信号，示意该区域人员的安全状态并在紧急情况发生时指示人员疏散。无人机巡查声光报警规则如表 6.4-3 所示。

无人机巡查声光报警规则 表 6.4-3

深基坑该区域的状态	扩音器状态	信号灯状态	区域人员应采取的措施
确认安全，无安全风险存在	关闭	开启绿色信号灯	可进入该区域，正常进行作业
无人机开始对该区域进行巡查	关闭	开启黄色信号灯	可进入该区域作业，但需注意扩音器发出的纠偏指令
无人机发现或评估有安全风险存在	开启，发出纠偏指令	开启黄色信号灯并闪烁	迅速执行纠偏指令
该区域发现紧急危险情况	开启，持续发出疏散指令	开启红色信号灯并闪烁	无关人员迅速离开该区域，专业应急小组迅速到达该区域进行应急处置

图 6.4-1 为无人机应急救援流程图，无人机到达区域 i_1 后，迅速打开机载摄像头和机载小型扩音器，及时掌握事故严重程度及现场人员、应急物资分布情况，利用机载扩音器对人员作出疏散指令和应急措施的指示，施工现场控制中心应根据现场情况，判断通知应急救援小组进行救援行动。同时，施工现场控制中心还可根据无人机传达的视频图像，判断人员是否得到疏散，承压水突涌事件是否得到有效控制。

当确认该区域安全后，该区域信号塔打开绿色信号灯，允许工人进入该区域，同时应急指挥结束，起飞处 i_0。信号塔打开，指引无人机返回。操作人员上传录像或巡查记录至系统储存留档，供业主、监理或其他单位查阅。至此一个应急救援流程完毕。

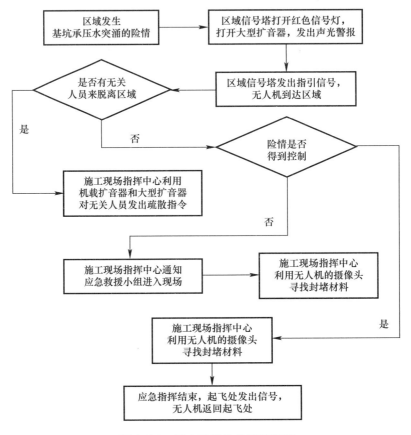

图 6.4-1 无人机应急救援流程图

6.4.2.5 无人机巡查线路设置

深基坑土方开挖应采用分层、分段、随撑随挖、减少基坑暴露时间的支撑方法，对于每小块土体，基坑的无支撑暴露时间与基坑变形的风险成正比，需重点监控深基坑的无支撑暴露时间。在无人机每日安全巡查开始之前，操作人员根据深基坑开挖进度制定基坑暴露监控巡查计划，并上传至互联网端供业主、监理、其他单位查阅。施工指挥中心再通过系统操作界面设定无人机沿既定路线进行规划路线的基坑暴露时间巡查与监控。假定有一个基坑，根据基坑施工进度图显示土方开挖的区域，可能存在基坑暴露时间较长的风险，则制订巡查监控计划，设定巡查路线为依次经过信号塔 $i_0 \sim i_{10}$，最后返回起飞处 i_0，无人机深基坑暴露时间巡查路径如图 6.4-2 所示。

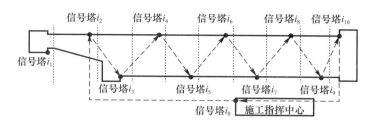

图 6.4-2 无人机深基坑暴露时间巡查路径

根据施工指挥中心规划的当日无人机的巡查监控路线，指令通过系统控制界面传达给信号塔网络，以此来指导无人机按照线路进行巡查。

6.4.3 手持设备保护区巡查作业信息化应用

手持设备地保功能首页分别展示项目统计和巡查任务统计，可通过上方的等对任务进行搜索，快速定位到需要找到的任务。下方按照任务的完成情况进行分类，用圆环图显示，并附带所占百分比，也可按照全部和个人作为筛选条件，地保项目和巡查项目统计如图 6.4-3 所示。

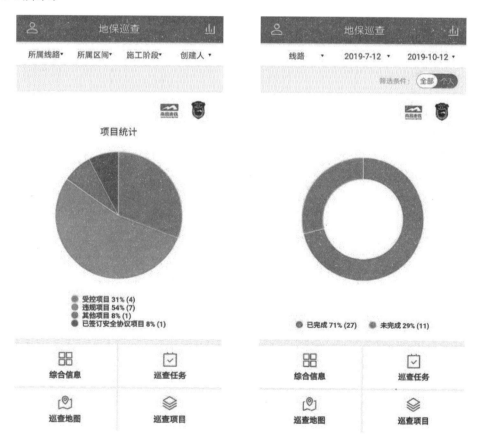

图 6.4-3 地保项目和巡查项目统计

手持设备地保巡查下方主要分为四个模块：综合信息、巡查地图、巡查任务、巡查项目。

6.4.3.1 巡查信息展示

点击巡查地图，将显示地保线路，查看地保线路范围、违规项目、受控项目、巡查人位置、巡查时间、人员轨迹等信息。与 Web 端相同，可通过过滤条件筛选在地图上查看的内容。

考虑手机端对数据的处理能力，App 端人员轨迹采用进入巡查地图页面一次，刷新一次人员轨迹的方式，巡查地图如图 6.4-4 所示。

6.4.3.2 地图测距

点击地图测距模块中地图页距离测算按钮，可以进行地图选点测距功能，地图测距功能如图 6.4-5 所示。

本模块可支持手动取点、根据定位取点，但不同之处在于测距时想获得的是项目外边线与保护区边线的最近距离，所以取点时，地图上要保持显示项目和线路、车站、保护区，便于取点参照，项目外边线与保护区边界测距功能如图 6.4-6 所示。

6.4.3.3 巡查任务

巡查任务列表。在上方导航选项中可按照线路、起始时间、任务状态、巡查人等进行筛选。巡查任务可按照全部和个人分类，默认显示全部的巡查任务。切换到个人时，展示当前用户相关的所有任务，巡查任务查询与新建如图 6.4-7 所示。

图 6.4-4　巡查地图　　　　　　　　　图 6.4-5　地图测距功能

（1）点击任意的巡查任务，可查看该任务的详细情况，将显示巡查任务的各项信息及巡查状态，是否巡查，巡查任务详情如图 6.4-8 所示。

（2）任务详情页右上方"巡查任务"指的是该任务下本次需要巡查的项目。点击具体某项目，出现信息录入页面，点击开始录入，可以录入本项目此次巡查信息，巡查信息查询如图 6.4-9 所示。

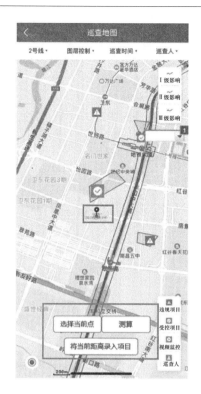 

图 6.4-6 项目外边线与保护区边界测距功能

图 6.4-7 巡查任务查询与新建

图 6.4-8 巡查任务详情

图 6.4-9 巡查信息查询

（3）任务详情页中新增项目

巡查过程中发现新项目，可以点击任务详情页右上角"…"，出现操作按钮，巡查项目新增如图 6.4-10 所示。

图 6.4-10　巡查项目新增

6.4.3.4　巡查项目

点击巡查项目，进入巡查项目模块。该模块提供"线路""时间""施工阶段""项目类型"过滤，基于手持设备导向型自动定位拍摄、巡查情况自动比对如图 6.4-11 所示。

图 6.4-11　基于手持设备的导向型自动定位拍摄、巡查情况自动比对

6.5 基于 INSAR 非接触变形监控技术

6.5.1 INSAR 技术原理

INSAR 技术目前可以分为 D-INSAR、PS-INSAR、SBAS-INSAR 三个大方向，这三个方向各有优势可以应对不同需要的监测要求。D-INSAR 全称合成孔径雷达差分干涉测量技术，可以获得地表位置变化、指标信息变化，广泛用于地表监测领域；PS-INSAR 为散射体差分干涉测量技术，通过高分辨率的雷达图像提供更加准确的沉降结果，主要应用于矿区、火山等地质监测；SBAS-INSAR 全称合成孔径雷达小基线集技术，它可以监测空间上的连续形变序列，在地质灾害预警、资源开发利用等方面有广阔的发展前景。

INSAR 技术是新近发展起来的空间对地监测技术，是传统的 SAR 遥感技术与射电天文干涉技术相结合的产物。它利用雷达向目标区域发射微波，然后接收目标反射的回波，得到同一目标区域成像的 SAR 复图像对，若复图像对之间存在相干条件，SAR 复图像对共轭相乘可以得到干涉图，根据干涉图的相位值，得出两次成像中微波的路程差，从而计算出目标地区的地形、地貌以及表面的微小变化，可用于数字高程模型建立、地壳形变探测等。

如果雷达两次发出的微波频率相等在成像期间波动不中断，平台轨道近似，那么在相遇处它们的振动方向几乎沿同一直线，则两雷达波在相遇处产生干涉现象，其干涉花样体现了参与相干叠加的微波间相位差的空间分布。INSAR 技术就是利用雷达波的这种干涉现象，对同一监测区在略有差异的视点上至少成像两次，利用两景图像上各个像素点相位信息的差异来提取出地物的相对高度。其基本几何原理如图 6.5-1 所示：设 H 为第一个天线的相对高度，ξ 为基线 B 的倾斜角，λ 为波长，r_1、r_2 是雷达天线与地物点之间的距离，它们也可以用基线分量 B_x、B_z 及区域入射角 θ 来表示，两天线接收同一表面元素信号的相位差 ϕ 表示为：

$$\phi = 4\pi \times \frac{(r_1 - r_2)}{\lambda} = 4\pi \times \frac{B_x \sin\theta - B_z \cos\theta}{\lambda} \tag{6.5-1}$$

SAR 干涉图形几何原理图如图 6.5-1 所示。

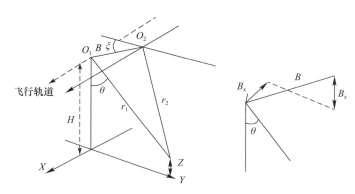

图 6.5-1 SAR 干涉图形几何原理图

利用式（6.5-1）可以计算出斜距差 $r_1 - r_2$，则点 $z(x, y)$ 的高度可以定义为式（6.5-2）：

6 轨道交通保护新型监控技术及应用

$$z(x,y) = H - r_1\cos\theta = H - r_1[\cos\xi\sqrt{1-\sin^2(\theta-\xi)} - \sin\xi \times \sin(\theta-\xi)]$$

(6.5-2)

根据干涉 SAR 平台的区别及其使用条件的不同,可以有三种获得干涉 SAR 资料的方法:即沿轨道干涉、正交轨道干涉和重复轨道干涉。

6.5.2 卫星雷达干涉测量技术方法

卫星雷达干涉测量是利用复雷达图像的相位差信息来提取地面目标地形三维信息的技术。而差分干涉测量则是利用复雷达图像的相位差信息来提取地面目标微小地形变化信息的技术。此外,雷达相干测量是利用复雷达图像的相干性信息来提取地物目标的属性信息。

获取立体雷达图像的干涉模式主要有:沿轨道法、垂直轨道法(交叉轨道法)、重复轨道法。

沿轨道干涉模式要求两副天线安装在同一平台上,因此目前也只适用于机载 SAR 系统。两副天线沿飞行方向相隔一段距离。采用该模式得到的相应像素的相位差是由于测量时物体的运动产生的,因此它适用于对运动的目标进行监测,如海洋制图波浪谱测量等。

交叉轨道干涉模式要求两副天线安装在同一平台上同时获取数据,因此目前只用于机载 SAR 系统,但人们正在研究在将来的卫星上实现这种方法,它的优势在于精度高而且机动性能好。两副天线的安装位置与飞行方向垂直,在该模式下,干涉相位差是由于地面目标的高度变化引起的,所以主要用于地形制图和地形变化监测。但这种干涉形式的计算方法存在着难以区分因区域坡度影响产生的误差与飞机滚动产生的误差。

重复轨道干涉模式只要求安装一副天线,它采用经过几乎相同的轨道以微小的几何视差对同一地区成像两次的方法来获取数据,因此需要对飞行轨道进行精确定位。由于受大气的影响较小,卫星比飞机具有更准确、更稳定的飞行轨道,因此该模式最适合星载 SAR 的干涉,它的优势在于能够快速获取大范围或全球范围的干涉数据。目前此方法已被成功地应用于欧空局的 ERS-1 和 ERS-2 上装载的 SAR,日本 JERS-1 装载的 SAR,航天飞机上的 SIR-C/X-SAR 也成功地运用该方法进行 INSAR 技术的应用研究,并取得了很好的效果。

雷达干涉测量的数据处理包括:用轨道参数法或控制点法测定基线,图像粗配准和精配准,最终要达到 1/10 像元的精度才能保证获得较好的干涉图像;随后进行相位解缠,其中最常用的方法有:枝切法、条纹检测法、最小二乘法、基于网络规划的算法。这相当于 GPS 相位测量中的整周模糊度的求解,是一个十分重要又有难度的工作。雷达干涉测量数据处理流程图如图 6.5-2 所示。

差分干涉测量的数据处理流程,按照不同的

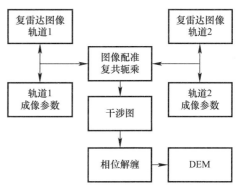

图 6.5-2 雷达干涉测量数据处理流程图

差分干涉模式，对三轨道法、四轨道法和已知的 DEM 的双轨道法进行作业，应用中根据获取数据的特点进行选择。

如果影像无立体重叠，空间交会需要已知数字高程模型（DEM）。如果影像有重叠，则可由计算机影像匹配求得三维地表形态，建立 DEM 和生成正射影像。

6.5.3 卫星雷达地表变形监测结果处理方法

INSAR 的 SLC 数据一般以复数形式表示，主要由实部和虚部构成，通过分析计算虚部与实部的比值求反正切可得到目标点的相位信息，然后进行相位解缠，获取目标点的高程信息，最终生成 DEM。数据处理流程图见图 6.5-3。与此同时，影响 INSAR 数据质量的因素较多，要想获取高质量的干涉图，选择科学合理的数据信息最为关键。INSAR 数据影响参数见表 6.5-1。

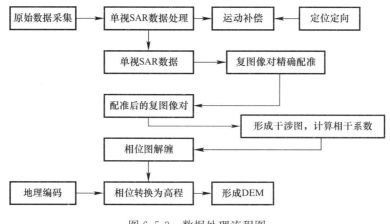

图 6.5-3 数据处理流程图

INSAR 数据影响参数　　　　　　　　　　　表 6.5-1

类别	指标参数
轨道	基线、轨道时间差、定位精度
信号	信噪比、频率
天气	风、雨、雪
地形地貌	坡度方向、地表特征、体散射
卫星系统	噪声、入射角、分辨率

对雷达影像进行差分干涉处理，接下来对其中几个关键的步骤（雷达影像配准、干涉图滤波、空间相位解缠和地理编码）进行简要论述。

1. 影像配准

在单天线重复轨道监测模式下，卫星重复经过同一地区时，轨道会产生侧向平移和角度偏移的情况，致使卫星所获取的覆盖同一地区的两幅影像无法完全重合，需要对监测的影像对进行配准。由于配准过程中的误差会引起干涉相位相干性的丢失，产生相位噪声。因此，影像配准的精度对于保证后续高质量干涉图的生成有着至关重要的作用。相关研究表明当配准精度达到 1/8 个像元时干涉相位相干系数为 96%，此后便不再有显著的增加。通常情况下影像配准一般分两步来进行，即粗配准和精配准。

与数字摄影测量中的配准相似，在雷达影像的粗配准中也需要进行同名点的选取。同名点选取的方法主要有人工选取法和卫星轨道参数法。由于人工选取法难度大，精度低等原因，粗配准中一般采用卫星轨道参数法来对同名点进行选取。

传统的精配准方法主要有相干系数法、最大频谱法及相位差影像平均波动函数法。其中相干系数法较为常用，该方法借鉴了数字图像配准中基于灰度信息的相关系数法，以相干系数的绝对值$|\gamma|$作为复数影像的匹配测度。

相干系数法根据实际情况的不同可分为基于实数的相干系数法与基于复数的相干系数法。由于后者不仅考虑了复数影像的幅度信息又考虑了其中的相位信息，因而配准的精度相对高一些。然而，配准精度的提高带来的代价是该方法的稳健性较差，当遇到垂直基线较长或地形起伏较大的不利条件时，该方法将无法提供足够可靠的配准精度。鉴于此，相关研究人员提出了基于外部DEM的配准方法，通过借助精密轨道参数和外部DEM来降低由于地形起伏及基线过长原因造成的配准失败，取得了较好的配准效果。

2. 干涉图滤波

实际生成的干涉图在数据处理过程中会不可避免地引入噪声。此外，系统热噪声也是干涉图噪声的一个来源。上述因素将会破坏干涉图相位的连续性与周期性，对后续相位解缠的精度带来不利影响。因此，在相位解缠之前对干涉图进行滤波处理滤除干涉图中的噪声具有十分重要的作用。目前已有多种针对干涉图滤波问题的可行方法。常用的滤波方法有均值滤波法、基于坡度估计的自适应滤波方法及Goldstein滤波方法。

均值滤波法是一种常见的线性滤波方法，它的基本原理为对影像中待处理像素，为中心，选择一个由其邻近像素组成的模板，将模板的均值赋值给该中心像素，以此来达到平滑噪声的作用。

算法简单，运算速度较快是均值滤波法的优点。然而相对于上述优点，均值滤波本身也存在一些固有的缺陷。该方法在平滑噪声的过程中也会对图像的边缘及细节部分产生一定程度的破坏，对后续的相位解缠带来不良影响。

基于坡度估计的自适应滤波方法是由Joug-Sen LEE等提出的，他认为干涉影像中的条纹并不是均匀分布的，而是有的区域条纹密集，有的区域条纹稀疏，采用相同的窗口来进行平滑处理是不妥的，势必会破坏干涉条纹的边缘细节（即干涉相位的周期变化处），使得条纹不清晰。鉴于上述问题，他提出了基于坡度估计的自适应滤波方法。该方法的基本原理可概述为：

（1）对局部区域进行相位解缠并在此基础上做坡度估计，当坡度较大时该处条纹会较为密集，则应采用较小的平滑窗口来处理，这样可以最大限度地保证干涉条纹的细节特征，避免对条纹的连续性与周期性造成破坏。对于坡度较小的区域则可选取比较大的平滑窗口进行滤波。

（2）在坡度较大区域，为解决方形平滑窗口会破坏干涉条纹周期的问题，采用不规则平滑窗口沿条纹边缘方向进行滤波，保证干涉条纹的原貌。

（3）实际实施的平滑操作可以在解缠的相位数据中进行，也可是配准后的干涉影像数据。

基于坡度估计的自适应滤波方法虽然可以改善局部区域干涉条纹滤波过程中细节损失的问题。但该算法在具体计算中较为繁杂，且需进行较为烦琐复杂的相位解缠。

Goldstein 滤波是由 Goldstein 和 Werner 于 1998 年提出的基于干涉图频谱的自适应滤波方法。主要原理为将干涉图影像分割为许多包含重叠区域的方形图块，之后对各个图块进行二维傅里叶变换得到对应的频谱 $Z(u, v)$，然后利用对应该图块的已进行平滑处理的幅度值对其加权处理，如式（6.5-3）所示。

$$Z'(u,v) = Z(u,v) \mid Z(u-v) \mid^{\alpha} \tag{6.5-3}$$

式中，$Z'(u, v)$代表滤波处理率后的频谱。幂指数 α 代表滤波参数，显而易见的是当 $\alpha=0$ 时不会产生滤波效果，随着该参数值的不断增加滤波效果会得到显著提升。通过确保在减弱低波幅噪声的同时加强高波幅信号，Goldstein 滤波可在相位噪声去除和干涉图相位信号保持方面均取得较好的效果。

3. 空间相位解缠

对于干涉测量而言，监测相位的准确与否直接决定了最终所获取测量结果的精度。然而通过干涉处理获得的相位是数值在（$-\pi$，π）区间的被缠绕的相位主值。

在进行相位解缠时所面对的干涉相位数据常常有不连续点和紊乱无规则的局部数据子集出现，需要做连续性检测，遇到不连续处，做标记处理，解缠计算过程中绕开它，不计算它，待大部分点上的解缠计算结束后，再来处理它，如作内插处理。还可以采用先处理再解缠的方法，即对不连续点先作平滑或内插处理，然后再对所有数据进行解缠计算。

枝剪法是一种较为简单的解缠方法，它的关键是路径一致性检测、奇异点标记和幽线连接。所谓路径一致性检测与奇异点标记主要是对干涉图中的相邻像元进行相位梯度计算，对于相位梯度绝对值大于 π 的路径进行标记，在该路径上的像元点即为奇异点。幽线连接是指将相邻的最近的异号奇异点连接而成的线段。多条幽线组成的多边形所孤立出来的区域即为解缠时应避开的相位不连续的区域，这些区域会在其他区域解缠结束后通过内插来处理。枝剪法是基于路径一致性的方法，在标记处解缠须避开不连续区域后再进行解缠。也有采取其他方法进行检测的，如根据相干系数所生成的相干图数据，或直接根据相干系数来确定哪些地方可以解缠，哪些地方不可以解缠。

最小费用流法（MCF）是一种基于网络流的相位解缠方法。该方法将相位解缠问题转换为一种以相干图作为加权系数的线性最小化问题，正负残差组成了流入流出结点，当最后对应目标函数的费用流最小时，即可得到真实的相位值。该方法能够有效地实现干涉图的快速有效解缠。

4. 地理编码

地理编码是将斜距-多普勒坐标系下的雷达影像转换到地图投影坐标系下的一项处理过程。通过地理编码可以消除由于雷达成像机理、地形起伏及地球自转等因素所造成的影像几何畸变。地理编码通常根据三个基本关系（多普勒方程、斜距方程、椭球面方程）来计算影像中每一分辨单元所对应的地面点的三维坐标。由于在干涉过程中水体、阴影等失相干地区的高度信息无法提取，因而在进行地理编码时还需要对上述地区的高度信息进行插值处理。地理编码的精度主要取决于卫星轨道参数的准确性及外部 DEM 的空间分辨率，因此可以利用地面布设的控制点来精确确定卫星的轨道参数。

6.5.4 地基雷达干涉测量技术监测技术方法

由于卫星 INSAR 技术时常受大气干扰，监测精度低，且重返周期长，分辨率低，连续监测能力差，因此导致星载 INSAR 技术无法在大范围区域进行高精度的实时监测。地基干涉合成孔径雷达技术（GB-INSAR）不仅具有连续监测性，而且监测周期短，监测精度高（可达亚毫米），分辨率高，监测点可达百万级。该技术属于非接触性测量方法的范畴，适用于对边坡进行实时的变形监测。

GB-INSAR 是采用一种微波干涉技术的创新雷达，集成合成孔径雷达（SAR）、干涉测量技术（D-INSAR）和步进频率连续波技术（SFCW）等多种先进技术。其基本原理是通过 SAR 技术来提高 GB-INSAR 系统的方位向分辨率，通过 SF-CW 技术来提高 GB-INSAR 系统的距离向分辨率，通过干涉测量技术获取 GB-INSAR 系统的高精度视线向形变。GB-INSAR 技术具有高精度、高空间分辨率、高采样频率和多角度监测等突出优势的技术。

地基雷达干涉测量系统主要通过雷达信号接收器沿着滑动轨道进行移动，从而形成合成孔径效果，用于测量雷达小天线接收信号的幅度与相位信息，并通过差分干涉测量技术获取地基雷达监测区域的地形信息和相对形变信息，从而达到监测边坡形变的目的。以固定的视角不断地发射和接收回波信号，经过聚焦处理后形成极坐标形式的二维 SAR 影像。在影像像元内，距离向分辨率是固定不变的，而方位向分辨率与像元夹角及目标距离有关，将距离向与方位向进行结合，监测区域被分为若干个二维小像元，监测距离越远，方位向分辨率越低，GB-INSAR 影像分辨率示意图如图 6.5-4 所示。

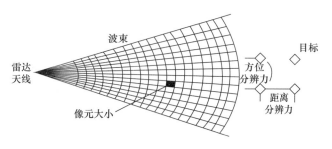

图 6.5-4　GB-INSAR 影像分辨率示意图

地基合成孔径雷达对建筑物连续进行监测，且监测周期为 5～8min，因此可认为安装于轨道上的雷达传感器相邻两次测量轨道位置不变，适用于重复轨道干涉测量模型。图 6.5-5 为基于 SAR 干涉测量成像示意图。SAR 在地面固定轨道上对建筑物进行多次成像。

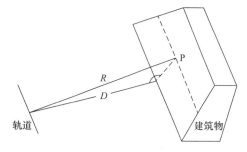

图 6.5-5　地基 SAR 干涉测量成像示意图

图 6.5-5 中，合成孔径雷达在同一轨道上反复多次运动，轨道与建筑物之间距离为 D。建筑物上一点 P 到雷达传感器之间的距离用 R 表示（D 为 R 的投影）。假设建筑物形变后在斜距方向上产生位移为 OR，则在建筑物形变前后，雷达连续两次接收到的 SAR 信号。

提取干涉相位，经过相位解缠，得到建筑物的形变量。

相位解缠除了应用于合成孔径雷达干涉测量，还在信号与图像处理，合成孔径声呐、

DOA 估计、核磁共振成像等方面有重要的应用。相位解缠可以描述为一个数学问题：图像相位是一个二维相位矩阵 $\varphi_{i,j}$，所谓相位解缠就是将矩阵中的每个元素 (i,j) 按照某种准则以进行 2π 整数倍的相位加减后得到一个新的连续函数 $\phi_{i,j}$。进行相位解缠的两个原则是：一致性和连续性。即相位解缠后获得的矩阵 $\phi_{i,j}$ 中任意两点间的相位差与这两点之间的路径无关，并且解缠后的相位要尽可能地复原原始相位函数。

相位解缠分为两个步骤：一是基于缠绕相位计算解缠相位的相位梯度估算值；二是对缠绕相位差进行积分实现相位解缠。

将一维相位扩展为二维，如果在 x 方向和 y 方向上，可满足式（6.5-4）、式（6.5-5）的要求：

$$-\pi \leqslant \Delta_x[\phi_{i,j}] < \pi \tag{6.5-4}$$

$$-\pi \leqslant \Delta_y[\phi_{i,j}] < \pi \tag{6.5-5}$$

式中，$\Delta_x[\phi_{i,j}]$，$\Delta_y[\phi_{i,j}]$ 为 x 方向和 y 方向的相位差。

则表明相位解缠的结果是与积分路径无关的，则二维相位场具有一致性；反之，如果不满足上述条件，则相位解缠与积分路径相关，二维相位场是不连续的。从上面分析可以看出，如果相位场满足如下条件：(1) 相位值处处有定义；(2) 相邻像元的真实相位差在 $(-\pi, \pi)$，则我们说该相位场是连续或无旋的但在实际情况中无法保证干涉纹图所有像元的相位都满足一致性条件。

Goldstein 枝切法是最经典的路径跟踪方法，是由 Goldstein 在 1986 年提出的，Goldstein 枝切法的解缠思想是在计算正负残差点后，选择适当的邻近残差点或多个残差点连接，以实现残差点"电荷"平衡，从而获得最优、最短的枝切线来确定积分路径，隔离噪声防止误差沿积分路径传递。Goldstein 枝切法计算效率高，可以在噪声条件下获得良好的解缠结果。

基本操作步骤如下：首先对相位图像的每个像元逐个搜索，寻找残差点；一旦找到残差点，将一个 3×3 的窗口放置在该残差点，再移动窗口寻找其他残差点。如果找到新的残差点，则无论此残差点极性如何，都先将它与之前的残差点连接起来。如果两个残差点的极性相反，就说明通过连接枝切线后实现了残差点间"极性平衡"。如果两残差点的极性相同，则需要继续搜索窗口内的其他节点寻找新的残差点。如果找到新的残差点，则无论该残差点是否已与其他残差点相连，都将该残差点与窗口中心残差点相连。当该残差点没有与残差点相连时，需要将其极性加入到与它相连的残差点集中。当该残差点已经与其他残差点相连时，则残差点集中不需要加入其极性。当累积"电荷"为 0 时，表明残差点之间达到平衡。

如果按上述步骤搜索完 3×3 窗口内的所有像元后，累积"电荷"仍不为 0，就扩展窗口大小至 5×5。重复上述的操作（重新定位、窗口扩展）继续寻找，直到累积"电荷"为零。若累积"电荷"始终不为零并且窗口边缘已经到达图像的边界无法继续扩展窗口，就将残差点与图像边界相连，这样完整的枝切线就生成了，之后按照枝切线确定的积分路径，运用像元扩散法解缠相位。

6.5.5 地基雷达结构变形监测结果分析方法

在监测前要整体规划，确定一个完整规范的监测流程。该工作流程主要包括：构建 GB-INSAR 监测体系、建立 GB-INSAR 监测系统、采集试验数据、数据处理、制作边坡形变图、建立边坡预警模型以及制定相应的安全措施和应急预案等。GB-INSAR 系统监测流程图如图 6.5-6 所示。

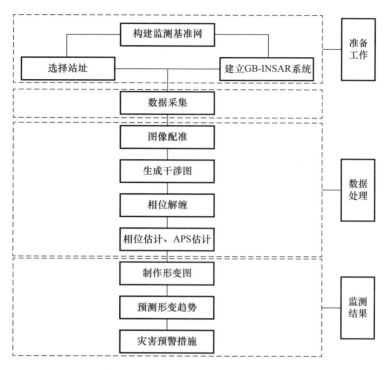

图 6.5-6　GB-INSAR 系统监测流程图

GB-INSAR 关键技术主要含有图像配准、生成干涉图、相位解缠、相位估计、地理编码等技术。首先图像配准技术是生成干涉图的基础，也是 GB-INSAR 形变监测的关键步骤之一，通过 GB-INSAR 系统在轨道上的 2 次滑动将所获取的 SAR 影像中同一监测物体的像元匹配到同一位置的点位上，并利用该点位在 2 幅不同的时间获取的 SAR 影像重叠的相位信息计算 SAR 影像的相干值即可完成 SAR 影像的图像配准。在完成图像配准后，通过提取由二维 SAR 影像数据生成高质量干涉图的干涉相位为相位解缠做准备。由于噪声以及平地效应的存在，在完成相位解缠工作前不仅需对干涉图进行去噪处理，而且还要还需要去除平地效应，从而可以获取更加直观的高程信息和稀疏的干涉条纹，为相位解缠工作提供便利。干涉图噪声及平地效应会严重影响 GB-INSAR 数据处理中 SAR 影像的图像质量，导致相位解缠工作无法实现。只有有效减少噪声及平地效应对干涉图的干扰，才能保证获取高质量的 GB-INSAR 形变图。相位解缠主要是将 GB-INSAR 获取的干涉相位的主值还原为真值，也是 GB-INSAR 形变监测的关键技术之一，相位解缠的准确性直接影响到 GB-INSAR 监测结果的精度。大气相位校正是指当雷达电磁波信号经过大气层时，大气会对电磁波信号产生折射和散射影响，导致其传播路径延迟，从而形成大气效应，对干涉结果造成严重影响。

因此，在数据处理过程中，需要考虑到大气相位对监测结果的影响，以提高监测精度。最后完成以上工作的同时，采用多源数据融合技术，将 GB-INSAR 技术与其他监测技术结合并分析出边坡综合形变信息，再对获取的综合形变监测结果进行地理编码，并将雷达坐标系中识别到的边坡的点、线、面等属性映射到同一个地理坐标系下。

6.6 基于光电成像技术下的隧道结构自动化变形监测及应用

6.6.1 光电式双向位移计监测管片沉降和水平位移

6.6.1.1 光电成像测试位移原理

激光光斑成像技术是将激光准直技术、光电成像技术、图像处理技术融合在一起的变形测量技术。它是利用激光的单向性，从一个监测点将激光对准到另外一个监测点的成像靶面，在固定成像光电器件、激光器和成像靶面的情况下，在成像靶面上显示激光光斑，将初始的光斑位置拍照后，经过图像处理的方法找出激光光斑的中心位置，信号处理系统可以通过无线网络将数据发送到服务器，以记录其初始的光斑位置。当监测点2相对于监测点1发生位移，那么在成像靶面上的激光光斑发生位移，系统再次拍照，经过同样的处理，将数据记录，根据两次的测量数据，从而可以得到两监测点的相对位移 ΔX、ΔZ。

设 XY 为成像靶面局部坐标系，且初始激光光斑在靶面上成像的中心点坐标为 (x_0, y_0)，变形后激光光斑在靶面上成像的中心点坐标为 (x', y')。则激光发射器和图像传感器的水平错动距离为 $x'-x_0$，沉降差为 $y'-y_0$。光电式双向位移计成像示意图如图6.6-1所示。

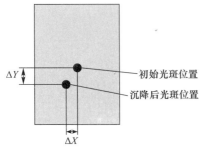

图6.6-1 光电式双向位移计成像示意图

6.6.1.2 应用实例分析

选取某隧道中设置的6个监测断面，6个监测点通过5套激光沉降仪来监控，每套传感器通过激光发射器与成像靶面靠近来实现数据传递，其中以远离车站的6号监测点为基准点；已布设的测量机器人自动化监测点除基准点所在断面没有监测点其他各有一个，试验各个断面测点编号如表6.6-1所示、试验光电式双向位移计现场实景图如图6.6-2所示。

试验各个断面监测点编号 表6.6-1

项目	监测点					基准点
全站仪	L9	L7	L5	L3	L1	—
激光沉降仪	4	1	2	3	5	6

从图6.6-3、图6.6-4可以看出，在基坑开挖前期，根据光电式双向位移计测试的水平向位移为－0.02～0.02mm，竖向位移约为0.005mm，基坑开挖后，水平方向隧道向里位移0.01mm，测试点位置向隧道上部隆起量为0.015mm。

6.6.2 光电式三向位移计监测隧道收敛变形

6.6.2.1 光电式三向位移计测试原理

将两组激光发射器安装于参考点O，将光电成像处理单元安装在测试点Ⅰ；用激光发

6 轨道交通保护新型监控技术及应用

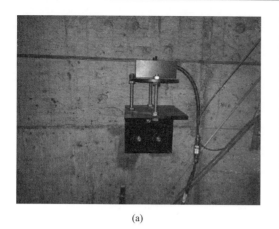
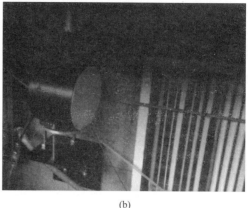

(a)　　　　　　　　　　　　　　(b)

图 6.6-2　试验光电式双向位移计现场实景图
（a）激光发射器；（b）成像靶面

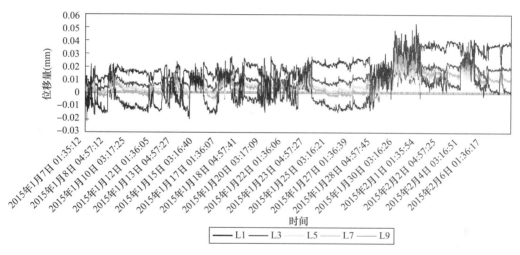

图 6.6-3　光电式双向位移计测试各监测点水平位移时程曲线图

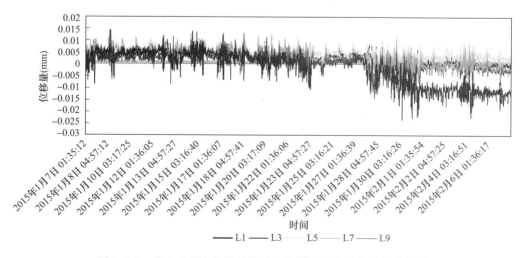

图 6.6-4　光电式双向位移计测试各监测点竖向位移时程曲线图

射器（1）向监测点所在位置Ⅰ的成像靶面发射光束，用成像透镜将光束聚集成光斑像，并用成像光电器件接收该光斑像，信号处理单元通过图形处理算法找出两个光斑的中心点相对于成像系统的坐标位移，作为初始值；当光电成像处理单元随监测点移动到位置Ⅱ，用激光发射器向测试点的成像靶面发射光束，用成像透镜将光束聚焦成光斑像，并用成像光电器件接收光斑像，信号处理单元通过图形处理算法找出两个光斑的中心点相对于成像系统的坐标位置，作为测试值；将两个光斑像的坐标位置测试值与两个光斑像坐标位置初始值进行比较，计算出两个光斑像的水平位移和竖向位移；根据两个光斑像的水平位移和竖向位移，结合几何关系，得出监测点Ⅱ相对于监测点Ⅰ的三向位移测量结果。

两组激光发射器中一组发射与水平向成 α 角的激光束 OA，另一组发射与水平向成 β 角的激光束 OB，且 $0°\leqslant\alpha<\beta<90°$，OA 和 OB 激光束的激光斑点在成像靶面的中心位置分别为 A 点和 B 点；成像靶面与水平面有一定的夹角 γ，其中 γ 的为：$0°<\gamma\leqslant90°$。

设 XYZ 为空间整体坐标系，XY 为成像靶面局部坐标系，参考点 O 坐标为 $(0, 0, 0)$、测试点Ⅰ坐标为 (X, Y, Z)、测试点Ⅱ坐标为 $(X+\Delta X, Y+\Delta Y, Z+\Delta Z)$，测试点Ⅰ位置的 A 点坐标为 (x_a, y_a)、B 点坐标为 (x_b, y_b)，测试点Ⅱ位置的 A 点坐标为 (x_a', y_a') 和 B 点坐标为 (x_b', y_b')；原理图如图 6.6-5、图 6.6-6 所示。

图 6.6-5　三向位移量测方法原理示意图（俯视图）

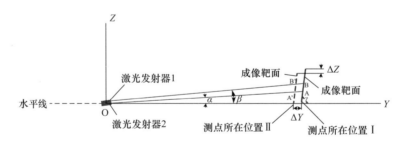

图 6.6-6　三向位移量测方法原理示意图（立视图）

根据几何关系，测试点Ⅱ与测试点Ⅰ之间的三向位移变化值 ΔX、ΔY 和 ΔZ 可按式（6.6-1）～式（6.6-3）计算获得：

$$\Delta X = \Delta x_a = \Delta x_b \tag{6.6-1}$$

$$\Delta Y = \frac{(\Delta y_b - \Delta y_a)\sin\gamma}{\tan\alpha - \tan\beta} \tag{6.6-2}$$

$$\Delta Z = \frac{\sin\gamma}{\tan\alpha - \tan\beta}(\Delta y_b \tan\alpha - \Delta y_a \tan\beta) \tag{6.6-3}$$

式中，$\Delta x_a = x_a' - x_a$，$\Delta x_b = x_b' - x_b$，$\Delta y_a = y_a' - y_a$，$\Delta y_b = y_b' - y_b$。

6.6.2.2 光斑中心坐标确认方法

光斑成像处理单元采用斑点分布椭圆形拟合法确认光斑中心坐标值。

斑点分布椭圆形拟合法为在对光斑边缘信息获取的基础上，再经拟合计算便可得到光斑椭圆及光斑中心的亚像素位置坐标，基于椭圆拟合的激光光斑中心检测算法是根据最小二乘原理用椭圆来逼近激光光斑轮廓。

6.6.2.3 隧道收敛变形应用测试原理

将两组激光发射器安装于隧道的一侧，将光电成像处理单元安装于隧道另一侧，成像靶面固定于隧道。隧道收敛变形后从初始隧道轮廓变形至变形后隧道轮廓，成像靶面发生位移，采用本实施例基于激光光斑成像技术的三向位移量测方法精确测量成像靶面的三向位移，从而获得隧道收敛变形量。

设 XYZ 为空间整体坐标系，XY 为成像靶面局部坐标系，参考点 O 坐标为（0，0，0）、测试点 Ⅰ 坐标为（X，Y，Z）、测试点 Ⅱ 坐标为（$X+\Delta X$，$Y+\Delta Y$，$Z+\Delta Z$），测试点 Ⅰ 位置的 A 点坐标为（x_a，y_a）、B 点坐标为（x_b，y_b），测试点 Ⅱ 位置的 A 点坐标为（x_a'，y_a'）和 B 点坐标为（x_b'，y_b'）。

根据几何关系，测试点 Ⅱ 与测试点 Ⅰ 之间的收敛变化值 ΔY 可按式（6.6-4）计算获得。

$$\Delta Y = \frac{(\Delta y_b - \Delta y_a)\sin\gamma}{\tan\alpha - \tan\beta} \quad (6.6\text{-}4)$$

式中，$\Delta y_a = y_a' - y_a$，$\Delta y_b = y_b' - y_b$。

三向位移计应用于隧道收敛变形的示意图如图 6.6-7 所示。隧道初始状态时 α 为 0，激光束为水平向。

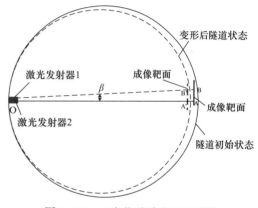

图 6.6-7 三向位移计应用于隧道收敛变形的示意图

6.6.3 光电式轨道相对高差与水平位移监测

6.6.3.1 测试原理

光电式轨道相对高差与水平位移量测装置所对应的底板 1 和底板 2 分别通过第一基站杆和第二基站杆连接到轨道的两侧。当标记点端固定点与成像端固定点产生相对位移时，信号处理系统单元拍摄到的图像位置发生变化。

6.6.3.2 数据处理方法

设 XYZ 为空间整体坐标系，XY 为成像靶面局部坐标系，O 点坐标为（0，0，0）、A 点坐标为（X，Y，Z）、A 点坐标为（$X+\Delta X$，$Y+\Delta Y$，$Z+\Delta Z$），标记点初始坐标为（x_0，y_0）、变形后标记点坐标为（x_0'，y_0'），ΔZ_0 为两轨初始高差。根据几何关系，变形后 A 点相对于 O 点的高差 ΔZ 和轨距变化 ΔY 可按式（6.6-5）、式（6.6-6）计算获得：

$$\Delta Y = x_0' - x_0 \quad (6.6\text{-}5)$$

$$\Delta Z = y_0' - y_0 + \Delta Z_0 \quad (6.6\text{-}6)$$

光电式轨道高差和水平位移装置安装示意图如图 6.6-8 所示。

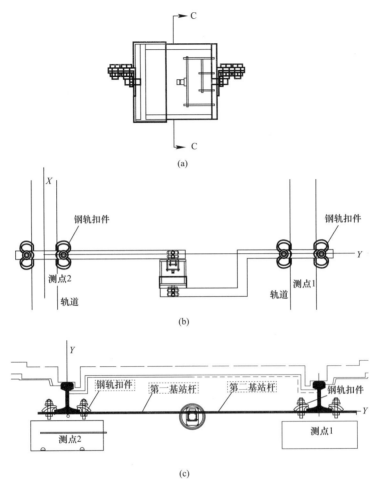

图 6.6-8 光电式轨道高差和水平位移装置安装示意图
(a) 正视图；(b) 俯视图；(c) 剖视图

6.7 分布式光纤地铁既有线监测技术

6.7.1 基于 BOTDA 光纤传感技术的盾构隧道变形监测

6.7.1.1 光纤传感原理

光纤传感是一种新型的监测技术，其基本原理是将通常用于通信的光纤加工为传感敏感元件，通过探测光纤中反射、散射光信号的变化，获取应变、温度等物理信息。因此，与传统的差阻、电阻、振弦等基于电信号的传感方式不同，光纤传感可实现多点串联甚至全分布式连续监测点，具有长期稳定性好、无零漂，不受电磁干扰等优点。当光纤沿线的温度或轴向应变发生变化时，其频率的漂移量与光纤应变或温度变化间存在线性关系，可用于光纤轴向应变场或温度场的检测，探测仪器称为布里渊光时域分析仪（BOTDA）。光纤中的背向散射光分量示意图如图 6.7-1 所示。

6.7.1.2 布里渊光时域反射技术简介

布里渊光时域反射技术将标准单模光纤同时用于传感与信号传输，其基本原理为：短频率脉冲光进入光纤后，在前进的相反方向产生布里渊背向散射光，其频率分别与光纤局部的轴向应变及温度变化呈线性关系，即有式（6.7-1）：

$$\nu_B(\varepsilon,T) = \nu_B(\varepsilon_0,T_0) + C_1 \cdot (\varepsilon - \varepsilon_0) + C_2 \cdot (T - T_0) \quad (6.7\text{-}1)$$

式中，$\nu_B(\varepsilon, T)$ 为任意时刻（产生应变与温差时）光纤布里渊背向散射光频率，$\nu_B(\varepsilon_0, T_0)$ 为初始状态下光纤布里渊背向散射光频率，ε 为光纤局部产生的应变，T 为温度，C_1、C_2 分别为传感光纤的应变系数与温度系数，ε_0 为初始应变，T_0 为初始湿度。从式（6.7-1）中可以看出，光纤轴向应变与温度是与其布里渊光频率耦合相关的，因此如果需要解耦，最直接的方法就是对其中一个分量进行补偿。

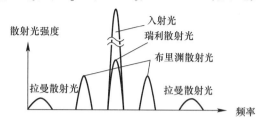

图 6.7-1 光纤中的背向散射光分量示意图

BOTDA 技术探测的是光纤中的受激布里渊散射光，因此需要将光纤首尾两端与解调仪连接，一端注入脉冲光并接受散射光，另一端则注入连续探测光。

BOTDA 的光功率很强，可以实现更高的精度和空间分辨率。但 BOTDA 必须形成回路，一旦断线则无法获取数据。

6.7.1.3 技术特点和优势

布里渊光散射的分布式光纤监测具有如下优点：

（1）分布式：可以准确测出光纤沿线任一点的应力、温度等信息，克服传统点式传感器监测漏检的弊端，提高监测成功率。

（2）长距离：光纤既作为传感体又作为传输体就可以实现长距离、全方位监测和实时连续控制。

（3）耐久性：传统的工程监测一般采用差阻式、钢弦式、应变片等电测仪器，易受环境影响失效，不能适应一些大型工程长期监测的需要；光纤的主要材料是石英玻璃，与金属相比具有更大的耐久性。

（4）稳定性：采集光纤物理特性，只要线路通畅，即可保证良好的重复性和稳定性，不存在零漂和松弛等时效变化。

（5）抗干扰：光纤是非金属、绝缘材料，避免了电磁、雷电等干扰。

（6）轻细柔韧：光纤的这一特性，使它在埋入混凝土的过程中，应变协调性好，避免了匹配的问题，安装埋设也比较方便。

传统点式传感器，仅能在极个别的"预测的危险部位"布点，绝大部分范围无法被监控。与之相比，分布式光纤传感器的优势十分明显，利用一维连续敷设的传感光纤，一次测量即可获取沿线各点的应变或温度分布，真正实现从预判风险位置到实际发现危险的突破，对于大型工程的运行期安全状态评估尤其重要。

但是，与普通传感仪器相比，分布式光纤传感器由于发展历史较短，仍然存在一些不足：参考案例少，施工工艺要求高，解调仪器价格偏高，监测精度较应变片低一个数量级，海量数据分析较复杂等。

鉴于以上特点，分布式光纤传感器，作为监测的一个新手段，被认为有很大的发展空间。与传统点式传感器优势互补。

6.7.1.4 应变分布式光纤监测系统总体设计

1. 设计目的和原则

盾构隧道应变分布式光纤监测系统建立的目的是：通过对隧道盾构应变状况及其发展过程的监测和分析，为病害治理期间的盾构状况评估提供监测数据支持。要求如下：

（1）传感光纤线路形成闭合回路，确保 BOTDA 能有效进行测量。

（2）在控制施工成本前提下，增设传感光纤和传输光缆的冗余备份，合理布置切换端口，积极创造故障修复条件，提高系统保证率。

（3）采用表面固定式安装方式，传感光纤沿盾构表面走线，依靠国电大坝公司提供的966树脂胶将分布式光纤粘贴于管片上，安装快捷，对施工进度无影响，无焊接作业，在管片接缝位置预留一段分布式光纤使其处于松弛状态。

（4）采用定期现场测试。

2. 监测系统的组成

应变分布式光纤监测系统组成包括：传感设备层、数据采集层、信息分析处理层、综合管理层共4部分内容。

6.7.1.5 监测方法

隧道盾构分布式光纤监测主要内容如表 6.7-1 所示。如图 6.7-2 所示为地面注浆断面分布式光纤埋设示意图，考虑到注浆施工可能造成管片接缝的闭合或错台，相邻管片之间应预留1cm，图中所示的每一道传感线路，实际包含2条传感光纤，邻近平行同步敷设。

隧道盾构分布式光纤监测主要内容　　　表 6.7-1

监测项目	光纤埋设方案	监测目的
隧道盾构轴向应变	传感光纤沿隧道轴向布设，粘贴于盾构表面。埋设位置共5处：顶部、左腰、右腰、左底、右底（其中左腰和左底形成回路，右腰和右底形成回路，顶部自身形成回路）	获得整个监测段内部、左腰、右腰部、左底、右底部的轴向应变分布数据，用于判定异常变形发生的位置和程度
隧道盾构环向应变	传感光纤沿隧道环向布设，粘贴于盾构表面	获得整个监测阶段隧道盾构环向应变分布数据，分析盾构环向断面的受力和变形情况
环境温度	环向传感光纤布设时，尾端预留10m自由悬挂	掌握隧道盾构的温度分布情况，进行温度补偿

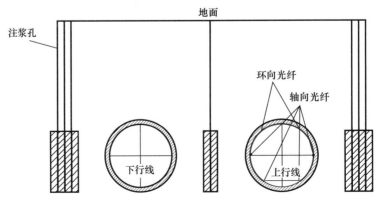

图 6.7-2 地面注浆断面分布式光纤布设示意图

6.7.2 基于光纤光栅传感技术的地铁隧道沉降监测

6.7.2.1 应变监测原理

由光波导的耦合理论可知,光在写有 Bragg 光栅的光纤中传输时,满足式(6.7-2)条件(称为 Bragg 条件)的光波将被 FBG 反射,反射波对应的中心波长 λ_B 称为 Bragg 波长。

$$\lambda_B = 2n_{eff}\Lambda \quad (6.7\text{-}2)$$

式中,n_{eff} 为光栅的有效折射率;Λ 为光栅栅距。

当外部荷载(如应变、温度)作用在 FBG 上,造成光栅的有效折射率 n_{eff} 或光栅栅距 Λ 的变化时,FBG 反射波的中心波长也随之变化。

当 FBG 受拉力、压力,在光纤的轴向产生应变(忽略温度的影响)时,引起的光纤光栅 Bragg 波长的漂移如式(6.7-3)所示。

$$\frac{\Delta\lambda_B}{\lambda_B} = (1-P_e)\varepsilon \quad (6.7\text{-}3)$$

式中,ε 为光纤光栅轴向应变;P_e 为有效弹光系数,$\Delta\lambda_B$ 为兴纤波长偏移量。

6.7.2.2 光纤光栅测试沉降监测原理

将光纤光栅传感器埋设在铝合金管内,构成光纤光栅沉降管。沉降管受到拉压弯作用时,表面会产生相应的应变,而安装在沉降管表面的光纤光栅可以量测到应变值,通过应变值计算出光纤光栅沉降管的变形。

6.7.2.3 数据处理方法

根据式(6.7-4)得到光纤光栅沉降管上附着的光纤光栅可测得各点的应变,通过多项式拟合和积分,可由应变计算管的挠度曲线,即:

$$v(x) = \frac{1}{R}\int_0^x\int_0^x \varepsilon(x)\mathrm{d}x\mathrm{d}x - \frac{x}{RL}\int_0^L\int_0^L \varepsilon(x)\mathrm{d}x\mathrm{d}x \quad (6.7\text{-}4)$$

式中,$v(x)$ 为距固定端距离 x 处的位移,$\varepsilon(x)$ 为由光纤光栅读数拟合得到的测斜仪管体应变;L 为测斜管的有效长度;x 为固定端(位移量为 0)离监测点的距离;R 为光栅距离测斜管中轴线的距离。

6.8 外部工程新型自动化监控技术体系建设

6.8.1 基于光纤光栅的智能测斜技术

6.8.1.1 监测仪器及设备

使用光纤光栅智能测斜管进行位移测试,采用全波长便携式光纤光栅解调仪进行数据处理及采集(人工调试用),光纤光栅解调网络一体机进行数据处理、采集及传输(自动化集成),综合测试精度为 0.1nm/m。

6.8.1.2 监测原理

光纤光栅测试位移量是通过对测斜管的应变进行监测后计算得出的。用光纤光栅解调仪对事先安装在测斜管壁的光栅进行监测,测斜管变形后光栅的中心波长会发生偏移,根据光纤光栅应变测量原理计算出各监测点的应变,根据位移与应变的关系式,就可得到测斜管的变形量。

6.8.1.3 监测点安装埋设与保护要点

1. 墙体孔

（1）测斜管连接。

在施工现场空地，在测斜管外侧连接部位涂上PVC胶水后将4m一节的智能测斜管用束节逐节连接在一起，且在束节连接处两边各用4只M4×10自攻螺栓紧固束节与测斜管，按此方法一直连接到设计长度；完后在管底、管口分别加上圆锥形底盖和圆柱形口盖。

接管注意事项：

1）注意胶水不要涂得过多，以免挤入内槽口结硬后影响以后测试。

2）接管时要检查两根测斜管连接处内、外槽口是否对齐。

3）束节连接处一定要将两根测斜管插到管子端平面相接。

4）自攻螺栓位置要避开内槽口且不宜过长。

（2）测斜管连接处防水。

在每个束节接头两端用防水胶布包扎密封，防止水泥浆从接头处渗入测斜管内。

（3）光纤线缆整理。

从最底部一根测斜管的光纤线缆梳理，梳理后在每根线缆端头4m处涂上不同颜色，对每根管子位置进行标识区分，且管头设置两个标记，用热缩管进行保护。从上到下各测斜管管子出管口后的线缆长度及颜色需区别。

完成后将每根测斜管的光纤线缆沿着测斜管方向，紧贴测斜管壁拉伸到最上一根测斜管管口，并用透明胶带将光纤线缆缠绕到测斜管上。

（4）测斜管绑扎。

将测斜管在纵向沿钢筋笼中间一条主筋方向垂直向下布设，并需要把管内的一对凹槽垂直于测量面，测斜管布设方向示意图如图6.8-1所示。管的底端短于钢筋端面0.5m，防止孔底渣土对测斜管产生挤压，并每隔1m用扎丝抱箍绑在钢筋笼主筋上。绑扎过程中注意测斜管顺直，以保证测斜管的垂直度。

（5）测斜管端头保护。

将加工好的端头及线缆外套保护套（图6.8-2），套在测斜管上端口，要求外套保护装置最顶部低于导墙面10~20cm。将线缆整理在外套保护装置的保护盒中，用防水海绵

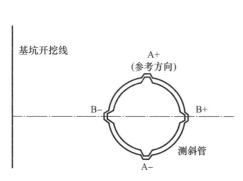

图6.8-1 测斜管布设方向示意图

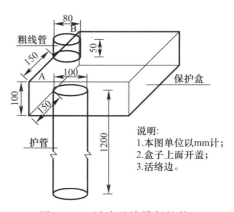

图6.8-2 端头及线缆保护装置

塞紧保护管与测斜管之间的缝隙，用橡胶垫片密封保护盒与上盖之间的缝隙，完成后用透明胶带将保护套和测斜管包裹成一个整体，并用扎丝固定在钢筋笼的主筋上。

（6）注浆前光纤光栅中心波长采集。

（7）测斜管吊装下笼保护。

绑扎在钢筋笼上的测斜管随钢筋笼一起放入地槽内，待钢筋笼就位后，在测斜管内注满清水，然后封上测斜管的上口。在钢筋笼起吊放入地槽过程中要有专人看护，以防测斜管意外受损。如遇钢筋笼入槽失败，应及时检查测斜管是否破损，必要时须重新安装。

（8）测斜管位置标示。

在设置测斜管的位置处且施工影响不到的地方设置标记，以便在破除桩头时知道测斜管在哪幅墙内。

（9）开启自动化监测。

（10）初始值采集。

待地下连续墙养护完成后，采集最终初始值。

（11）破墙顶及浇筑冠梁时的保护。

指派专人在地下连续墙墙顶破除时到现场查看，墙顶混凝土破除后，用手持式切割机切除桩顶上面的钢管，用接头管接长测斜孔，使孔口顶面高出冠梁顶 20cm 左右，并加设顶盖，后续在冠梁钢筋绑扎及混凝土浇筑过程中指派专人负责保护。

2. 土体孔

在测斜管绑扎后应及时对铠装光纤连接上来的各 FC 尾纤编号（对于光纤光栅从下往上依次为坑内 1，坑内 2……或坑外 1，坑外 2……）钻机成孔的直径为 $\phi 108$ 以上，校准测斜管方位时，一组光纤光栅形成的线与基坑边垂直。

6.8.1.4 数据处理方法

当光纤光栅（后简称"FBG"）受拉力和压力，在光纤的轴向产生应变时，光栅的应变将导致光栅栅距的变化，同时光纤的光弹效应会使光栅的有效折射率发生变化。按式 (6.8-1) 计算出的光纤光栅应变产生的波长偏移量 $\Delta\lambda_B$ 是 FBG 的应变灵敏度。

$$\Delta\lambda_B = (1-P_e)\varepsilon\lambda_B \quad (6.8\text{-}1)$$

式中，ε 为光栅的轴向应变；P_e 为光栅的有效光弹系数。

通常可认为 P_e 为一常数，对于典型石英光纤，其值约为 0.22。当 FBG 中心波长 $\lambda_B=1310\text{nm}$ 时，可计算出 FBG 的应变灵敏度约为 $1.02\text{pm}/\mu\varepsilon$。

由转角近似微分方程可知：

$$\theta \approx \tan\theta = \frac{\mathrm{d}v}{\mathrm{d}x} \quad (6.8\text{-}2)$$

式中，θ 为转角，$\mathrm{d}v$ 为位移微量，$\mathrm{d}x$ 为距离微量。

由挠曲近似微分方程可知：

$$\frac{\mathrm{d}^2 v}{\mathrm{d}x^2} = -\frac{M(x)}{EI_Z} \quad (6.8\text{-}3)$$

式中，$M(x)$ 为距离固定端 x 处的弯矩，E 为弹性模量，I_Z 为惯性矩。

由以上方程可推算，从固定端到自由端，位移与对应光栅处的应变的关系为：

$$\begin{Bmatrix} f_1 \\ f_2 \\ \cdots \\ f_n \end{Bmatrix} = \frac{h^2}{R} \begin{bmatrix} 1 & 0 & \cdots & \cdots & 0 \\ 2 & 1 & 0 & \cdots & 0 \\ 3 & 2 & 1 & \cdots & 0 \\ \cdots & \cdots & \cdots & \cdots & 0 \\ n & n-1 & n-2 & \cdots & 1 \end{bmatrix} \begin{Bmatrix} \varepsilon_1 \\ \varepsilon_2 \\ \cdots \\ \varepsilon_n \end{Bmatrix} \quad (6.8-4)$$

式中，h 为光栅距，R 为测斜管半径，f 为各点的位移量。

6.8.1.5 应用案例分析

选取某地铁站的地下两层侧式站台车站。基坑净宽 24.3～25.3m，净长 223m。南、北端头井基坑深分别为 17.97m、18.42m；标准段基坑深 16.18～16.53m。采用分段明挖顺做法施工。围护结构为 800mm 厚的地下连续墙，支撑采用钢筋混凝土支撑＋钢支撑。

自动化监测试验段位于基坑西南侧，自动化监测与人工监测同步进行，监测点布设平面图如图 6.8-3 所示。

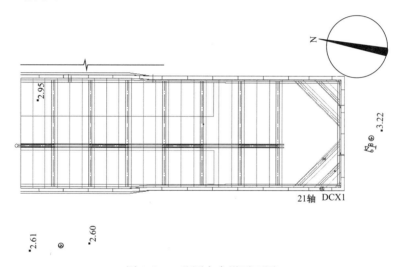

图 6.8-3 监测点布设平面图

光纤光栅数据于 2016 年 9 月 25 日开始取值，此时基坑已完成第一层土方开挖，分段开挖第二层、第三层土方。DCX2 所在的基坑南侧 21 轴附近工况：于 9 月 23 日完成第三层土方开挖，9 月 30 日第四层土方开挖，10 月 9 日第五层土方开挖，10 月 14 日，第四道支撑架设完成，11 月 7 日第五层土方开挖完成，11 月 10 日垫层完成浇筑。测斜管（21 轴）附近现场施工工况和 DCX2 最大累计水平位移统计如表 6.8-1、表 6.8-2 所示。

测斜管（21 轴）附近现场施工工况　　　　表 6.8-1

时间	施工工况	备注
2016 年 9 月 11 日	21 轴第一层土方开挖	
2016 年 9 月 25 日	21 轴第二层土方开挖	
2016 年 10 月 3 日	21 轴第三层土方开挖	DCX2 在试验段 21 轴位置附近
2016 年 10 月 6 日	21 轴第四层土方开挖	
2016 年 11 月 5 日	21 轴第五层土方开挖	
2016 年 11 月 9 日	21 轴垫层浇筑	

DCX2 最大累计水平位移统计 表 6.8-2

产生日期	人工监测		自动化监测		附近相应工况
	最大水平位移量（mm）	对应深度（m）	最大水平位移量（mm）	对应深度（m）	
9月25日	0	0	0.00	0	第二层土方开挖
9月27日	2.7	20	2.27	8	第二道支撑架设
10月3日	9.86	14	6.74	8.5	第三层土方开挖
10月4日	—	—	7.07	8.5	第三道支撑架设
10月6日	—	—	5.64	13.5	第四层土方开挖
10月8日	—	—	10.08	13	第四道支撑架设
11月5日	18.91	14.5	15.11	14	第五层土方开挖
11月9日	21.01	16.5	24.94	15.5	垫层浇筑

如表 6.8-2 所示，随着基坑开挖并完成支撑架设，深层水平位移最大值出现先增大后减小的特征，最大水平位移发生位置随开挖深度增大而往下发展，当垫层完成浇筑后，深层最大水平位移逐渐收敛。对比自动化监测数据和人工监测数据，可知自动化监测数据大于人工监测数据，分析其原因主要为现场实际监测时，测斜仪探头在下放过程中，若测斜管附近土体填充不实，测斜管管型在测量过程中会发生变化，且测斜结果受人为因素影响较大。

不同工况下光纤光栅测试 DCX2 应变分布曲线图如图 6.8-4 所示。

由图 6.8-4 可知，光纤光栅测试地下连续墙内应变时，当支撑架设后，随着基坑往下开挖，支撑架设位置为向基坑外突变点，且逐渐增大，与工程实际比较吻合，垫层位置向

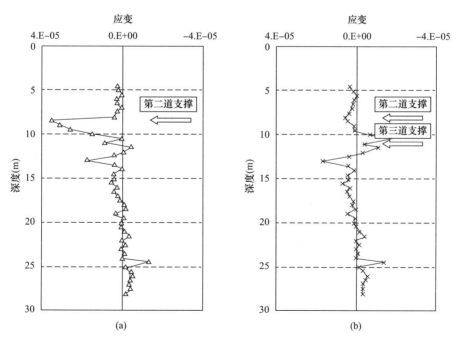

图 6.8-4 不同工况下光纤光栅测试 DCX2 应变分布曲线图（一）
（a）第三层土方开挖；（b）第三道支撑架设；（c）第四层土方开挖；（d）第四道支撑架设

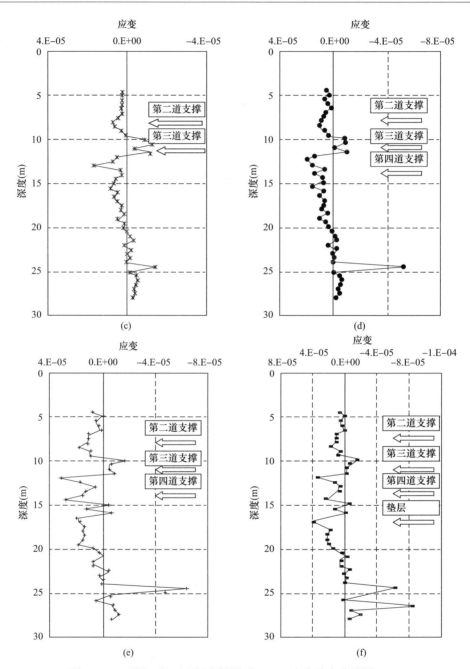

图 6.8-4 不同工况下光纤光栅测试 DCX2 应变分布曲线图（二）
(e) 第五层土方开挖；(f) 垫层浇筑

基坑内突变，说明主动土压力大于垫层反力。受支撑反力作用，地下连续墙基坑深度以下向基坑内的主动土压力与支撑反力达到平衡。

地下连续墙内测斜孔 DCX2 深层水平位移分布曲线图如图 6.8-5 所示。不同工况下深层水平位移分布曲线图如图 6.8-6 所示。

在施加钢支撑后，地下连续墙上部的位移偏向基坑的外侧，随着开挖的持续进行，墙顶位移有逐渐向坑内发展的趋势。且随着基坑开挖深度的加大，主动土压力表现十分显著。当开挖到底时,四层钢支撑都施加以后,墙顶向基坑内侧位移得到控制。随着基坑开挖的进行,连续墙墙身水平位移值不断增大,产生测斜最大的部位随着开挖加深逐步下移(一般呈大肚状);已加支撑处的变形小;开挖时变形速率增大,有支撑时,侧向变形速率小或测斜保持稳定不变。由图中可知,第三道支撑架设时,孔口在 4.5~10m 位置,自动化测值与人工测值有较大差异,这是受周边环境施工扰动的影响,自动化测试数据将该影响值形象地反映出来,地下连续墙内测斜孔 DCX2 典型位置深层水平位移时程曲线图如图 6.8-7 所示。

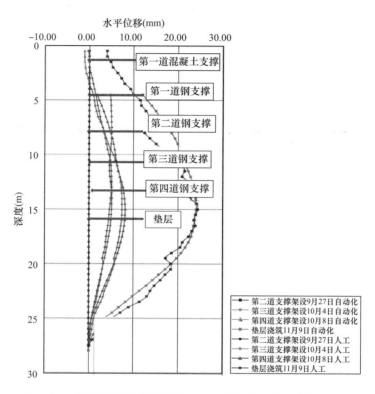

图 6.8-5 地下连续墙内测斜孔 DCX2 深层水平位移分布曲线图

随着开挖的进行,支撑架设位置水平位移向基坑内侧逐渐发展,当支撑架设完成后,水平位移出现先增大后减小的趋势,且自动化监测数据能更好地反映此规律。

(1) 基坑开挖期间,DCX2 累计位移量人工监测及自动化监测最大值位置均在 15~17m 处,结合南端头基坑开挖深度为 17.97m 可知,光纤光栅智能测斜管变形能反应基坑开挖变形规律,11 月 11 日,21 轴第五层土方开挖完成,垫层浇筑时,DCX2 自动化监测变形最大点为 DCX2-32(28.55mm),DCX2 人工监测变形最大点为 DCX2-31(24.85mm)。

(2) 11 月 11 日,南端头垫层浇筑后,DCX2 累计位移量最大值自动化监测与人工监测相比差异 3.7mm,初步分析基坑开挖期间发生的施工行为对光纤光栅智能测斜管的影响较大,光纤光栅智能测斜管在基坑开挖期间灵敏度较高,坑边重型机械堆载、支撑附加轴力等均可能对光纤光栅测斜管产生影响;另外,根据自动化监测光纤光栅智能测斜管计算原理,管口变形通过求导叠加之后,管口位置会发生明显收敛趋势;自动化监测变化趋势与人工监测存在一定的吻合性。

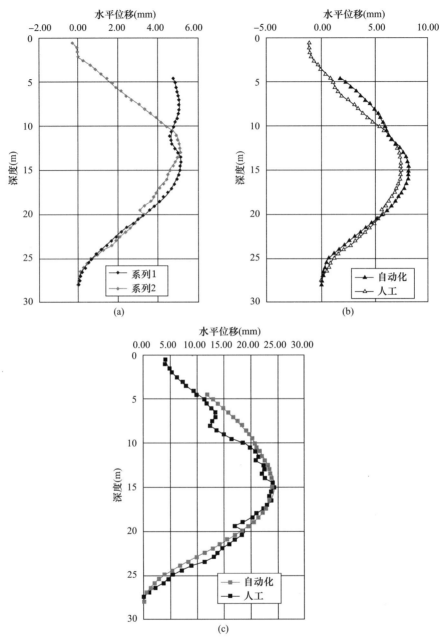

图 6.8-6 不同工况下深层水平位移分布曲线图
(a) 第三道支撑架设；(b) 第四道支撑架设；(c) 垫层浇筑

(3) 据当天自动化监测数据采集情况，以 11 月 9 日为例，现场机房进行波长采集后，经计算 DCX2 墙体位移累计值当天波动很小，基本保持稳定，未发生较大位移，自动化监测数据采集稳定性较好。

6.8.2 基于光电成像技术的围护结构顶部水平位移和沉降监测技术

6.8.2.1 监测应用项目及原理

光电式双向位移计可应用于城市轨道交通基坑工程墙顶竖向及水平位移监测。

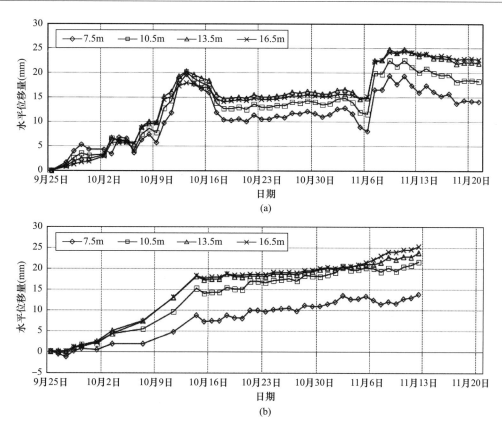

图 6.8-7 地下连续墙内测斜孔 DCX2 典型位置深层水平位移时程曲线图
(a) 自动化监测；(b) 人工监测

激光光斑成像技术是将激光准直技术、光电成像技术、图像处理技术融合在一起的变形测量技术。它是利用激光的单向性，从一个监测点将激光对准另外一个监测点的成像靶面，在固定成像光电器件、激光器和成像靶面的情况下，在成像靶面上显示激光光斑，将初始的光斑位置拍照后，经过图像处理的方法找出激光光斑的中心位置，信号处理系统可以通过无线网络将数据发送到服务器，以记录其初始的光斑位置。当监测点 2 相对于监测点 1 发生位移，那么在成像靶面上的激光光斑发生位移，系统再次拍照，经过同样的处理，将数据记录，根据两次的测量数据，从而可以得到两监测点的相对位移 ΔX、ΔZ。

6.8.2.2 监测点安装埋设与保护

监测点埋设具体步骤如下：

（1）在基坑端头处安装一个观测墩，安装一个激光发射器，作为测试的基准点。

（2）根据设计文件与现场条件，利用水准仪或全站仪放样确定监测点位置。

（3）在放置设备安装支架之前，利用水平尺检查安装位置地面水平情况，若地面不平整，利用打磨机、铁锤等工具打磨（确保光电式双向计接收器保持水平，提高测试精度）。

（4）放置设备安装支架，标记锚固螺栓孔位，采用 ϕ12 钻头钻出一定深度孔后，把膨胀螺栓打到孔中，用可调扳手拧紧膨胀螺栓上的螺母。膨胀螺栓自由端长度需大于安装支架钢板厚度，确保放置安装支架后可顺利拧紧螺母固定。

（5）将膨胀螺栓上的螺母拧出，放置设备安装支架，使膨胀螺栓自由端穿过固定架上的孔，最后用卸下的螺母拧紧使安装支架固定。

（6）将 ABS 防水盒放置在安装支架上，将信号线预留孔与安装支架上的孔对齐即可。

光电式双向计发射器（激光发射器）安装：先在 ABS 防水盒对应的固定螺孔上放置调节弹簧，激光发射器与钢板固定后，再用普通螺栓通过调节弹簧固定在安装支架上。固定时注意激光发射方向，单个螺孔一端为发射方向，对准下一个接收器，注意仪器安装需水平。

光电式双向计接收器安装：不同监测点的接收器根据仪器编号（仪器背后的 ID）按照顺序安装，传感器感应一面朝向上一个激光放射器，在用普通螺栓将接收器固定在固定架上。

（7）将安装完成的光电式双向位移计用信号线串联，信号线双线端与本监测点接收器连接，信号线单线头端与下一个监测点的发射器连接。串联所用监测点后，将信号采集端连接解调仪测试各监测点是否工作，是否可以采集监测数据；同时通过调节发射器弹簧使各发射器激光光斑打到接收器中间，盖上防水盖板并固定。

（8）在相邻两个无盖保护盒的 8cm 洞中间分别安装薄 PVC 管用于保护光路，每隔 2m 安放 PVC 管支架。

（9）将信号采集端通过网线连接入机房，检查自动化采集数据是否稳定并与工程实际相一致。

6.8.2.3 案例分析

选取某地铁站的地下两层侧式站台车站。基坑净宽 24.3～25.3m，净长 223m。南、北端头井基坑深分别为 17.97m、18.42m；标准段基坑深 16.18～16.53m。采用分段明挖顺做法施工。围护结构为 800mm 厚的地下连续墙，支撑采用钢筋混凝土支撑＋钢支撑。

自动化监测试验段位于基坑西南侧，自动化监测与人工监测同步进行，监测点布设平面图见图 6.8-8。

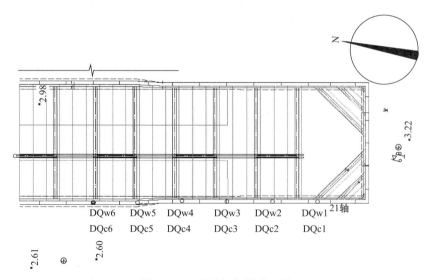

图 6.8-8 监测点布设平面图

2016 年 9 月 23 日试验段完成光电式双向位移计的现场安装，并进行调试，共计 6 套仪器。编号为 ID1～ID55，对应人工监测点 DQc2～DQc6。光电式双向位移计数据采集界面如图 6.8-9 所示。

6 轨道交通保护新型监控技术及应用

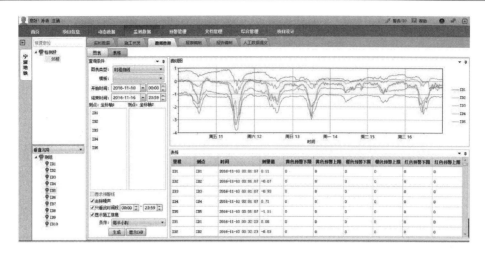

图 6.8-9　光电式双向位移计数据采集界面

基坑开挖期间，根据现场施工进度同步开展人工、自动化监测工作，墙顶沉降及水平位移自动化监测采用 JPLD-1000 光电式双向位移计进行数据采集，采集频率约为 180s/次，人工监测频率为 1d/次。

光电式双向位移计测试墙顶水平和垂直位移时程曲线图如图 6.8-10 所示。从图中可以看出，光电式双向位移计测试的墙顶沉降和水平位移变化曲线基本一致，光电式测试沉

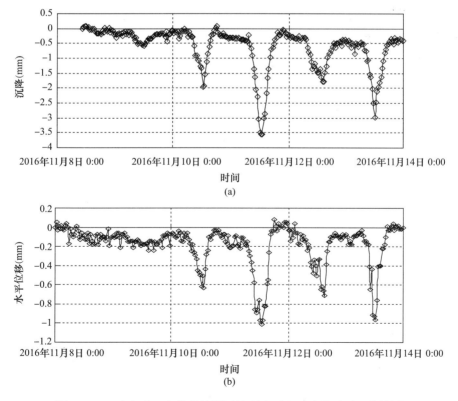

图 6.8-10　光电式双向位移计测试墙顶水平和垂直位移时程曲线图
（a）垂直位移；（b）水平位移

143

降和水平位移夜间变化很平缓，白天有较大波动，且沉降最大值在12：00～14：00，初步分析为温度引起的波动。应变计内测温光栅温度变化时程曲线图如图 6.8-11 所示，光电式双向位移计测试水平和垂直位移与温度基本成正相关关系，随温度升高，水平和垂直位移均增大。

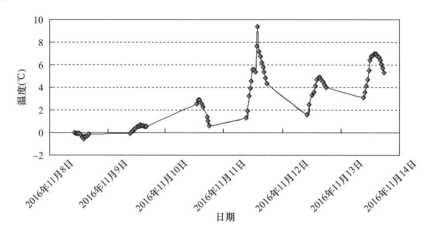

图 6.8-11 应变计内测温光栅温度变化时程曲线图

鉴于光电式双向位移计受温度影响较大，故选取温度相对稳定的 21：00～24：00 的平均沉降作为当天的沉降，将自动化测得的数据与人工测得的数据进行对比，图 6.8-12 为 DQc5 相对于 DQc2 的沉降变化时程曲线图，从图中可以看出，光电式双向位移计测量的墙顶沉降变化较为平缓。

6.8.3 基于激光测距技术的基坑工程围护墙体水平位移监测

6.8.3.1 测试原理

将激光测距仪 1 安装于参考点 O，将激光发射片 2 安装在监测点所在位置 I。

信号处理单元 5 控制激光发射器 6 在工作时间向监测点所在位置 I 的激光反射片 2 发

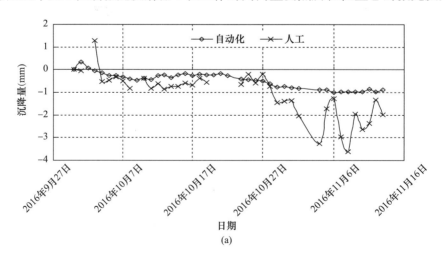

图 6.8-12 DQc5 相对于 DQc2 的沉降变化时程曲线图（一）

（a）垂直位移；

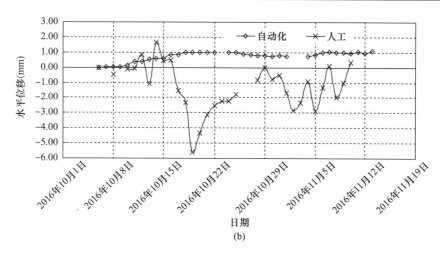

(b)

图 6.8-12 DQc5 相对于 DQc2 的沉降变化时程曲线图（二）
(b) 水平位移

射光束，由光电元件 7 接收监测点反射片反射的激光束，计时器 8 测定激光束从发射到接收的时间，根据时间和激光束速度计算出从参考点 O 到位置 I 的距离，作为初始值，具体如图 6.8-13～图 6.8-15 所示。图 6.8-13 中 l_1 为激光发射端至接收端的距离，l_2 为基坑变形后激光发射端至接收端的距离，Δx 为基坑变形前某点的位移量。

当激光反射片 2 随监测点移动到位置 II，用激光测距仪 1 向监测点的反射片发射光束，由光电元件 7 接收监测点反射片反射的激光束，计时器 8 测定激光束从发射到接收的时间，计算出从参考点 O 到位置 II 的距离，作为测试值。

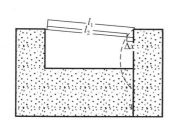

图 6.8-13 基于激光测距技术的围护墙体水平位移量测装置结构示意图

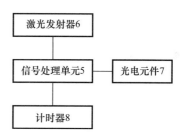

图 6.8-14 激光测距仪的结构系统图

将两个位置距离的测试值与两个位置距离的初始值进行比较，计算出监测点的水平位移。

本例中水平位移计算原理：利用激光测距仪 1 在反射片发射光束，由光电元件 7 接收监测点反射片反射的激光束，计时器 8 获得激光束从发射到接收的时间及其变化，从而量测到参考点到测试点的距离及其变化。根据三角函数关系，当直角三角形一条直角边长度远远大

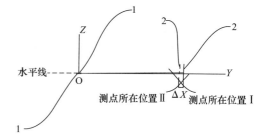

图 6.8-15 墙体水平位移量测原理示意图

于另一直角边长度时，可以认为长直角边＝斜边。则得到激光测距测试的距离变化为测试点相对于参考点的水平位移。

6.8.3.2 墙体水平位移测试原理

将激光测距仪 1 安装于基坑的一侧围护墙顶，将激光反射片 2 等距安装于基坑另一侧侧壁。基坑围护墙体变形后从初始基坑轮廓变形至变形后的基坑轮廓，激光反射片 2 发生位移，采用本实施例量测装置测量墙内测试点与参考点的距离，从而获得墙体的水平位移，墙体水平位移量测原理示意图如图 6.8-15 所示。

6.9 城市轨道交通保护监控信息化平台建设

6.9.1 信息化平台建设基本要求

6.9.1.1 平台功能要求

城市轨道交通保护监控信息化平台应包括安全巡查、在线审批、在线监测、风险管理、隐患排查、数据管理、数据应用和系统管理等功能，并应预留数据接口以满足地铁运营部门的业务需求。

6.9.1.2 平台建设技术要求

城市轨道交通保护监控信息化平台建设应按照可靠性、标准性、科学性、先进性、开放性、扩展性、经济性、安全性的原则进行。系统的设计应充分利用当前先进、实用的技术手段，采用成熟的设计方案、技术标准、硬件平台和软件环境，保障系统稳定可靠地运行。

系统建设过程应涵盖需求分析、总体设计、详细设计、系统实现、测试、试运行、成果提交与验收、维护等阶段。

应制定系统管理制度，明确系统管理人员工作内容和工作职责，保证系统正常稳定运行。

系统管理人员应执行相关国家和行业的公共安全标准，应进行有关应急响应知识和技术的培训。

城市轨道交通保护监控信息化平台的监控内容应能准确地反映城市轨道交通工程建设期和运营期的工程状态、安全及现场的管理状况。

城市轨道交通保护监控信息化平台监测项目的选取、监测点的布设、频率要求、预警值设置应符合《城市轨道交通工程监测技术规范》GB 50911—2013、《城市轨道交通结构安全保护技术规范》CJJ 202—2013 的规定。

城市轨道交通保护监控信息化平台应具有广泛的兼容性，便于模块化升级和横向扩展，并应保持整体架构的稳定性。

城市轨道交通保护监控信息化平台应覆盖城市轨道交通工程的车站、区间、车辆基地及料场和仓储基地等工程结构。

城市轨道交通保护监控信息化平台应建立层次开放平台，并应建立信息分析反馈系统，持续扩展监控内容及范围，优化系统运行效率。

城市轨道交通保护监控信息化平台建设应可靠、稳定、适用范围广。

6.9.2 系统总体设计

城市轨道交通保护监控信息化平台应符合下列规定：
（1）应具备工程现场自动化实时监控功能。
（2）应对地铁设施监控参与各方权限进行设置。
（3）应能集成影像记录、数据监控等，对地铁设施安全监控信息进行汇总、分析、处理报奖信息能通过多种手段实时发送至相关部门。
（4）采用的软件系统和硬件应能满足稳定可靠、安全、易维护的要求。
（5）监控数据信息及设备运行状态信息记录，应自动进行统计、处理和备份，并可进行人工控制。信息记录保存周期宜分为月、季、年，其中报警信息、设备运行故障信息的保存周期不应小于一年。按年度统计处理的数据信息应保存至光盘、磁带等存储介质中。
（6）城市轨道交通保护监控信息化平台应进行统一的时钟管理，累计误差不应大于5s。
（7）系统主机应选配后备电源，延时时间不应小于2h。

6.9.3 系统主要架构及功能模块

6.9.3.1 系统架构

1. 业务架构

城市轨道交通保护监控信息化平台主要考虑以地铁成型设施结构数据为主线，所有导致设施本体数据变化的因素为外因，都需要进行有效监控和记录，同时开展风险预防及隐患排查监督管控，进而建立贯穿全生命周期的地铁设施运维监护系统。同时，充分利用GIS技术，建设轨道交通运营生命周期内的可视化信息平台，为确保城市安全管理、节约轨道交通运营管理成本提供有力的保障，业务结构设计图如图6.9-1所示。

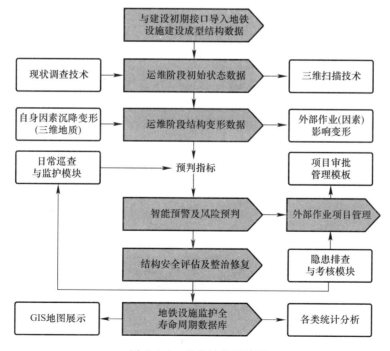

图6.9-1 业务结构设计图

2. 技术架构

平台宜采用典型的三层结构，数据层整合 GIS 数据，结合自动化监测数据、三维激光扫描成果数据、巡查记录、病害信息、视频监控信息、隧道数字化档案等多元化的数据信息，为应用层提供海量数据的统计与分析结论；服务层提供多种业务接口包括：3D-GIS 服务、BIM 轻量化引擎、流程引擎等；前端支持网页、手机 App、客户端等多种应用场景，运维监护管理系统技术架构图如图 6.9-2 所示。

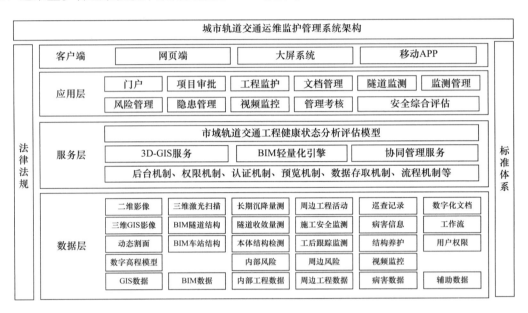

图 6.9-2　运维监护管理系统技术架构图

6.9.3.2　系统配置及技术指标

（1）监控系统的硬件应包括传感器、数据采集模块、服务器、图形计算机、通信客户机、紧急电话、屏控通信客户机、网络交换机和远程通信设备及配电设备等。

（2）监控系统的软件应包括信息采集与监视、信息发送、设备控制、监控与调度、数据管理等。

（3）中央计算机系统的辅助设施应包括综合控制台、辅助控制台、设备机柜、显示屏、电源管理等。

（4）监控设施的技术性能应满足硬件与软件的模块化和操作简便的人员界面，并应预留可扩展接口。

（5）城市轨道交通保护监控信息化平台技术指标应满足表 6.9-1 的要求。

城市轨道交通保护监控信息化平台技术指标　　表 6.9-1

技术指标	参数	技术指标	参数
系统采样周期	≤30s	信息传输误码率	≤30^{-6}
主控显示刷新周期	≤3s	系统平均无障碍时间	≥30000h
控制命令延时	≤30s	故障修复时间	≤2h
网速速率	100Mbps	连续工作时间	24h 不间断

6.9.3.3 系统功能

本城市轨道交通保护监控信息化平台应具备以下通用功能：

（1）用户权限管理功能：能为不同等级的用户赋予不同的权限。系统能进行用户的添加和删除、用户权限的赋予与修改。

（2）系统安全管理功能：应采用有效的查毒杀毒、防火墙等有效的技术防范措施，保证数据安全；系统的主要设备、软件、数据、电源等应有备份，故障后具有在较短时间内恢复系统运行的能力；系统能进行数据库日常维护、定期备份、必要时的数据还原。

（3）统计报表功能：对管理信息数据、专业应用数据进行统计报表。

（4）信息发布功能：通过邮件、短信等方式对管理信息、专业数据、警示信息以及各种报告等进行可定制化地推送、发布，确保信息沟通畅通。

基础数据管理子系统主要对轨道交通及附属设施的结构、设备进行管理，基础数据主要包括轨道交通结构、设备等信息数据和地形、影像等地理空间数据，应具有以下功能：

（1）数据导入接口：系统应提供基础数据标准，如轨道交通结构、附属设施及设备的设计、施工、竣工数据和信息能无缝导入系统；沿线的地形、管线以及影像等基础地理空间数据能无缝导入系统。

（2）数据更新功能：根据用户权限、等级对导入系统的基础数据进行更新，并对更新前后数据进行有效标示、管理和备份。

（3）数据输出功能：能对用户或者系统提出的数据使用申请进行响应，将基础数据单独或与其他专业数据进行叠加显示、打印或者转换输出标准的交换数据文件。

（4）数据管理功能：能为不同权限、等级用户提供轨道交通结构、设备、地理空间数据上传、修改、更新、备份等操作，并对操作前后的基础数据进行有效管理。

（5）信息检索：系统能按区间、工程、监测类型、点名等属性，按指定时间段、是否报警等检索条件，为用户提供信息的检索、查询和统计。

（6）数据分析：系统通过与用户进行信息交互，对监测数据绘制各种历时曲线、沿里程的断面曲线，结合各种影响因素对监测数据进行回归分析、时序分析等，以发现异常监测数据。

（7）安全预警：根据设置的权限，通过短信、邮件、报告等方式对变形量或变形速率大于报警值的监测点、监测点所在的区间或工程及时进行报警。系统能进行各监测点报警值的设置、更改及报警后的相应处置。

1. 门户系统

首页门户显示各模块标题栏，GIS 地图管理、项目审批、监护巡查、监测管理、预报警及监护风险管理、外部作业管理、隐患排查、统计信息、视频监控、考核及公告（红黄牌等）、制度文件及文档管理，系统管理点击各标题可跳转至相关页面。

各类统计功能，可形成相应表单进行导出。

2. GIS 地图

地图包括以百度地图（或其他）为底图的平面布置（展示）图及三维地质图等。

鼠标移到各项目上，可显示该项目主要概况（审批信息、位置概况）、最新风险及预警数据情况，无需进入子模块可大致了解情况。

可与建设期地图匹配，考虑与建设期数据接口，已建成线路为主线，已完成项目灰色表示，正开展项目绿色表示，尚未开展项目用蓝色表示，违建项目用红色表示。所有线路以沉降、收敛数据采用红色、黄色、蓝色不同颜色表示受外部影响及自身沉降导致的当前变形量大小。

3. 审批管理

在项目请审模块中，窗口批复不同意的将退回资料，申请人补充完整后重新填表申请。对于资料退回的项目不录入系统中。

窗口批复同意受理的，上传资料将按照项目分类存储入系统文档管理中，项目进入审批流程。

在项目审批模块中，用户可对项目进行审批及查询。

4. 监测管理

监测管理模块包括项目监测管理、数据管理、监测报告、监测验收及停测管理。

导航设置线路→项目→监测项目→监测组→监测点。

应实现针对自动化监测设备数据的导入。

5. 监护巡查管理

项目监护巡查包括该项目所对应的外部作业巡查（基坑、隧道、顶管、桩基、河道、道路、堆载等）和对应的受影响的地铁设施本体巡查。

本模块关联隐患排查模块，针对现场发现的问题，上传隐患排查模块，进行重点监督整改。

6. 风险管理

实现对地保区域静态风险的评估分类，实现有重点的巡查监护资源调配，通过关联监控视频、监测点等手段，实现风险的动态跟踪和预警处置，从而提升地铁运维区域的安全；依据业务需要对风险源进行分类与定义，形成风险源库；在日常安全管理中，对风险源进行跟踪维护，当其关联的监测或视频出现预警时，平台自动将风险激活并启动风险处置流程，推送相关人员处置完毕后方可闭合。

7. 隐患排查

实现基于安全巡查、风险管控、监测监控等各类手段发现的各类影响地铁设施安全的各类有害因素、隐患等的上报、督查、整改、闭合；可依据业务需要对运维阶段进行分类与定义，形成运维监护隐患库；在日常安全管理中，针对监测数据报警、巡查监护发现问题、视频监控问题以及其他问题，通过填报工程监护隐患报告单，上报系统，并开展治理、整改、闭合、监督、考核。

8. 视频监控

实时接入地铁运维相关视频探头，可远程操控探头，支持最高9分屏查看视频画面，可对视频画面进行录屏与回放。

6.9.4 系统安装调试及运维

6.9.4.1 一般规定

（1）城市轨道交通保护监控信息化平台的安装、调试及验收的单位应具有岩土、计算机、通信、机房安装等相应技术人员。

（2）城市轨道交通保护监控信息化平台的安装、调试及验收应按工程设计文件进行。

（3）城市轨道交通保护监控信息化平台的安装、调试及验收前，应具备系统图、设备布置平面图、网络拓扑图、网络布线连接图、防雷接地和防静电接地布线连接图及系统调试方案等技术文件。

（4）城市轨道交通保护监控信息化平台的安装、调试及验收前，应对设备、材料及备件进行进场检查，检查不合格不得使用。设备、材料及配件应具有清单、使用说明书、产品合格证书、检验报告等文件，规格型号应符合设计要求。

（5）城市轨道交通保护监控信息化平台的安装、调试及验收过程中，应对设计变更、调试及验收等进行记录。

6.9.4.2 系统安装

（1）元器件粘贴前，应对粘贴表面进行处理。安装完成后，应对粘贴质量进行检验，检验合格后应采取相应的保护措施。

（2）采用埋设方式安装的元器件和设备，应安装牢固可靠，易于识别，并应进行妥善保护。

（3）元器件和设备的安装不应超出城市轨道交通运营的限界要求，且不能影响测试设备的正常使用。

（4）线缆铺设应横平竖直，不宜交叉。当周边温度超过65℃时，应采取隔热措施，线路不应有中间接头。当无法避免时，应在分线箱或接线盒内接线。

（5）线缆支架安装、接地施工安装及验收应符《电气装置安装工程 电缆线路施工及验收标准》GB 50168—2018 和《电气装置安装工程 接地装置施工及验收规范》GB 50169—2016 的规定。

（6）安装在室外的摄像机应进行防雷处理，摄像机的云台防护罩应具有防水防尘功能。

（7）系统机柜安装完毕后，水平度、垂直度的允许偏差应为±5mm。

6.9.4.3 系统调试

（1）城市轨道交通保护监控信息化平台在验收前，应进行系统调试，调试应按设备、子系统及整体系统的步骤进行。

（2）系统设备应在列车试运行期间进行调试，并应符合下列规定：

1）设备安装工作完成后应进行调试工作。

2）应按设计图纸、招标合同和安装过程资料进行调试。

3）应对设备运行、信号传输、图像清晰度、数据可靠性等项目进行调试。

4）对调试过程中发现的问题及处理方法和结果，应进行记录。

5）调试满足设计要求后应填写调试报告，并应符合相关要求。

（3）城市轨道交通保护监控信息化平台硬件调试应符合下列规定：

1）地铁设施安全监测信息化平台应对测量传感器、仪器仪表及连成后的系统进行室内单项和联机多项调试，调试结果应符合工程设计文件的要求；

2）现场安装完毕后的调试应符合下列规定：

① 应模拟一次信息采集工作，信息采集系统的各项功能要求应符合相关规定。

② 应模拟一次信息传输工作，对传输过程中可能出现传输网络不稳定的情况进行模拟，信息传输系统的各项功能要求应符合相关规定。

③ 应模拟一次信息分析工作，监控平台的信息分析处理能力应符合相关规定。

④ 应模拟一次信息存储管理工作,监控管理平台的信息存储管理功能应符合相关规定。

⑤ 应模拟一次信息反馈告警工作,监控管理平台的信息反馈告警功能应符合相关规定。

⑥ 应对系统进行一次联调工作,传感器、二次仪表和通信设备、网络元件、监控管理平台采集数据指标应符合相关规定。

⑦ 应模拟一次断电,对主要设备用电源的自动转换功能进行检查。

(4) 城市轨道交通保护监控信息化平台软件调试应符合下列规定:

1) 软件安装工作完成后应进行调试。

2) 应对软件接口、数据采集、传输、存储、稳定性等方面进行调试。

3) 对调试过程中发现的问题及处理方法和结果应做相应的记录。

4) 调试满足设计要求后应填写调试报告,并应符合相关规定。

6.9.4.4 系统运行

(1) 系统运行前应编制下列技术文件:

1) 系统操作与运行安全制度。

2) 应急管理制度。

3) 网络安全管理制度。

(2) 系统运行时应编制并填写下列技术文档:

1) 值班记录。

2) 交接班登记表。

3) 设备运行、巡查及故障记录。

(3) 数据备份与恢复。

(4) 城市轨道交通保护监控信息化平台应定期进行检查和测试,系统维护应符合下列规定:

1) 每日应进行一次系统通信测试。

2) 每周应进行系统运行日志整理。

3) 每月应检查数据库使用情况,并应对硬盘进行扩充。

4) 每半年应对系统功能进行检查、检验。

5) 每日应向现场终端发送命令采集监测信息。

(5) 应填写系统检查测试记录,并应符合相关要求。

7 典型监测案例分析

7.1 案例1（侧方基坑工程）

7.1.1 项目概述及监测周期

项目概况：

（1）项目基坑基本情况

某小学项目地下室北侧分布地铁5号线区间隧道，基坑分坑及地理位置示意图如图7.1-1所示。

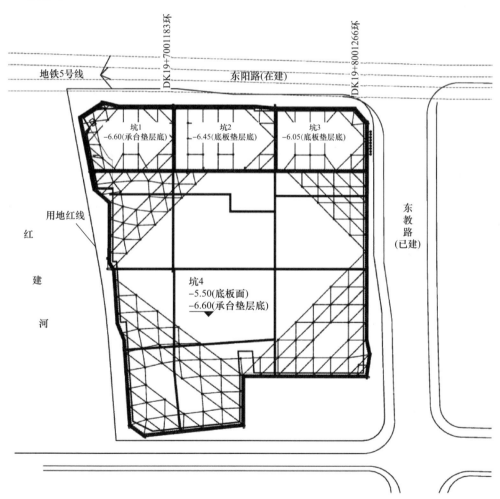

图 7.1-1 基坑分坑及地理位置示意图

影响范围内实施项目基本情况如表 7.1-1 所示。

影响范围内实施项目基本情况　　　　表 7.1-1

序号	名称	面积（m²）	挖深（m）	净距（m）	邻地铁侧围护方案
1	坑1	约1516	5.5～6.2	7.2	φ900@1050 钻孔灌注桩＋一道钢筋混凝土撑/斜换撑＋700mm 厚 TRD 水泥土搅拌墙截水帷幕＋φ700@500 双轴搅拌桩
2	坑2	约1740	4.6～5.2	7.0	
3	坑3	约1363	4.6～5.2	6.8	
4	坑4	约17040	4.6～5.2 坑中坑6.7	39.2	

拟建设施施工顺序为：坑1/坑3→坑2→坑4。

（2）基坑与保护区隧道的相对位置关系

地铁保护区所在区间隧道顶埋深 9.6～15.8m，涉及左线里程为 K19+587.874～K19+833.028，右线里程为 K19+582.951～K19+837.290，不涉及联络通道及泵站。区间隧道外径 6.2m，内径 5.5m，管片厚 350mm，环宽 1.2m。

1）拟建项目基坑与地铁 5 号线既有轨道交通设施的平面相对关系具体如下：

① 坑1、坑2 和坑3 围护边线距盾构隧道最小净距约 6.8m。

② 坑4 围护边线距盾构隧道最小净距约 39.2m。

2）本项目拟建项目基坑与地铁 5 号线既有轨道交通设施的相对关系具体如下：

① 坑1 挖深 5.5～6.2m，与隧道顶净距约 6.8m。

② 坑2 与坑3 挖深 4.6～5.2m，与隧道顶净距 7.7～11.0m。

③ 坑4 挖深 4.6～6.2m，与隧道顶净距大于 50.0m。

（3）建设场地地质条件

本工程基坑开挖范围内土层主要为杂填土及淤泥质粉质黏土，坑底落在淤泥质粉质黏土层，工程地质剖面关系图见图 7.1-2。

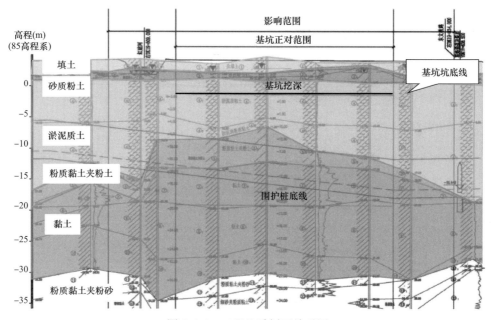

图 7.1-2　工程地质剖面关系图

7.1.2 监测项设置

1. 监测内容

监测项目包括隧道竖向位移、道床差异沉降、隧道水平位移、隧道水平相对收敛、隧道巡视检查及基坑本体变形复核测量。以自动化监测方法为主，并辅以人工复核测量的方式对地铁 5 号线进行 24h 不间断监测。

2. 监测点布设

地铁保护区监测点平面布设图如图 7.1-3 所示。

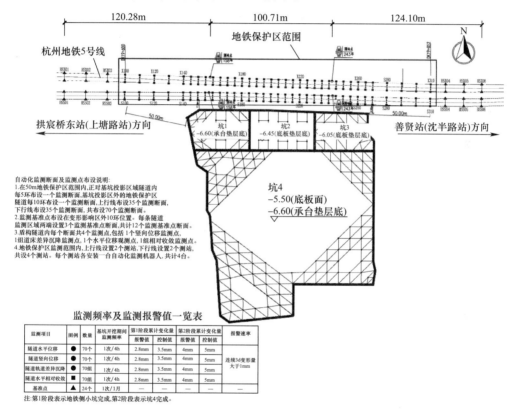

图 7.1-3 地铁保护区监测点平面布设图

3. 监测频率

监测频率一览表见表 7.1-2。

监测频率一览表　　　　　　　　　　　表 7.1-2

监测项目	工程桩及围护结构施工阶段	基坑开挖阶段		地下室主体及结构施工阶段	备注
		≤5m	>5m		
水平位移	1次/4h	1次/4h	1次/4h	1次/12h	
竖向位移					
相对收敛					
差异沉降					
竖向位移人工复测	1次/1月	1次/2周	1次/1周	1次/1月	
相对收敛人工复测	1次/1月	1次/2周	1次/1周	1次/1月	
平面控制网人工复测	1次/2月	1次/1月	1次/1月	1次/2月	

续表

监测项目	工程桩及围护结构施工阶段	基坑开挖阶段 ≤5m	基坑开挖阶段 >5m	地下室主体及结构施工阶段	备注
深桩基准点联测	1次/2月	1次/1月	1次/1月	1次/2月	

注：1. 上述监测内容特殊情况加密监测频率；
　　2. 当监测数据稳定达到地铁公司及相关监测规范要求时将进行停测。

4. 监测控制标准

本工程监测控制标准一览表如表7.1-3所示。

监测控制标准一览表　　　　　　　　表 7.1-3

监测项目	报警速率	控制标准	过程评估控制标准
水平位移	连续3d变形大于1mm/d	±5mm	±7mm
竖向位移	连续3d变形大于1mm/d	±5mm	±5mm
相对收敛	连续3d变形大于1mm/d	±5mm	±10mm
差异沉降	连续3d变形大于1mm/d	±5mm	±6mm

7.1.3　监测点布设情况

对于单线隧道，在基坑开挖影响范围外的稳定区域布设基准控制棱镜，建立2台全站仪的串联系统。自动化监测断面及监测点布设情况如下：

（1）在50m地铁保护区范围内，正对基坑投影区域隧道内每5环布设一个监测断面，基坑投影外的地铁保护区隧道每10环布设一个监测断面，上行线布设35个监测断面，下行线布设35个监测断面，共布设70个监测断面。

（2）监测基准点布设在变形影响区外15环位置。每条隧道监测区域两端设置3个监测基准点断面，共计12个监测基准点断面。

（3）盾构隧道内每个断面共4个监测点，包括1个竖向位移监测点，1组道床差异沉降监测点，1个水平位移监测点，1组水平相对收敛监测点。

（4）地铁保护区监测范围内，上行线设置2个测站，下行线设置2个测站，共设4个测站。每个测站各安装一台自动化全站仪共计4台。

7.1.4　预报警及突发事件应急处理

（1）2019年9月22日，隧道水平位移超本阶段报警值，隧道水平相对收敛超本阶段预警值。

（2）2019年9月24日，隧道水平位移超阶段控制值。

（3）2019年10月22日，隧道水平位移超全过程报警值，收敛达全过程预警值。

7.1.5　监测仪器及人员投入情况

投入本工程仪器设备一览表如表7.1-4所示。

投入本工程仪器设备一览表　　　　　　　　表 7.1-4

序号	仪器名称	数量
1	自动化全站仪	4台
2	水准仪	1台

续表

序号	仪器名称	数量
3	测距仪	1台
4	智能裂缝测宽仪	1台

7.1.6 项目监测历程

本项目地铁保护自动化监测自2019年9月TRD水泥土搅拌墙施工开始,至2020年9月基坑回填完成后继续跟踪监测五个月,在基坑完工后的五个月地铁隧道变形数据稳定且日均变化量小于0.04mm,保护区内基坑施工工况节点时间如表7.1-5所示。

保护区内基坑施工工况节点时间　　　　　表 7.1-5

工况	分区		
	坑1	坑2	坑3
TRD水泥土搅拌墙	2019年9月3日~2019年9月27日		
围护桩及第一道内支撑施工	2019年12月20日~2020年6月21日		
基坑开挖	2020年6月22日~2020年6月26日	2020年8月26日~2020年9月10日	2020年7月2日~2020年7月9日
底板及地下室结构施工	2020年6月27日~2020年8月19日	2020年9月11日~2020年10月12日	2020年7月10日~2020年9月2日

7.1.7 项目监测数据分析

1. 自动化监测最终变形量沿环号分布曲线

(1) 上、下行线隧道竖向位移累计变形量沿环号分布曲线图如图7.1-4、图7.1-5所示。

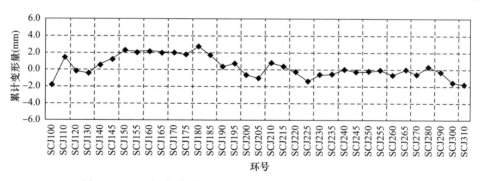

图 7.1-4　上行线隧道竖向位移累计变形量沿环号分布曲线图

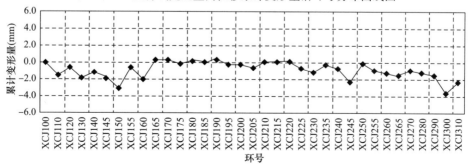

图 7.1-5　下行线隧道竖向位移累计变形量沿环号分布曲线图

（2）上、下行线隧道水平位移累计变形量沿环号分布曲线图如图 7.1-6、图 7.1-7 所示。

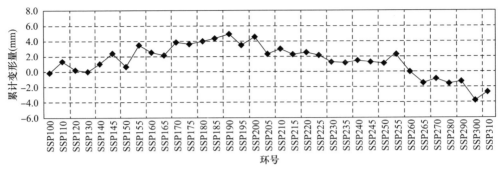

图 7.1-6　上行线隧道水平位移累计变形量沿环号分布曲线图

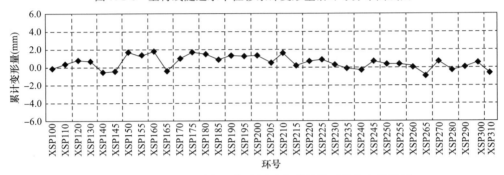

图 7.1-7　下行线隧道水平位移累计变形量沿环号分布曲线图

（3）上、下行线隧道水平相对收敛累计变形量沿环号分布曲线图如图 7.1-8、图 7.1-9 所示。

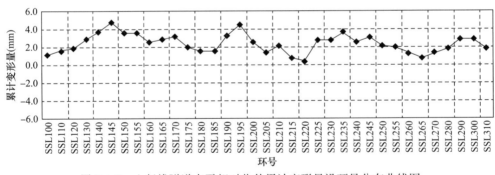

图 7.1-8　上行线隧道水平相对收敛累计变形量沿环号分布曲线图

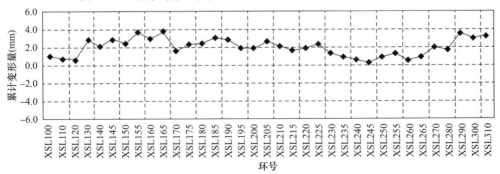

图 7.1-9　下行线隧道水平相对收敛累计变形量沿环号分布曲线图

2. 各阶段累计变形量随时间变化曲线

（1）上、下行线隧道竖向位移累计变形量随时间变化曲线图如图 7.1-10、图 7.1-11 所示。

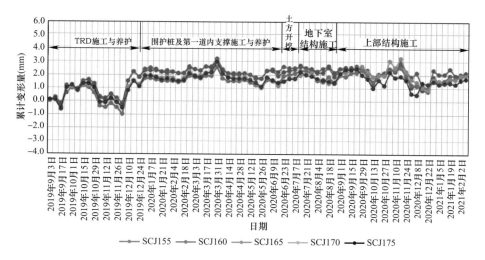

图 7.1-10　上行线隧道竖向位移累计变形量随时间变化曲线图

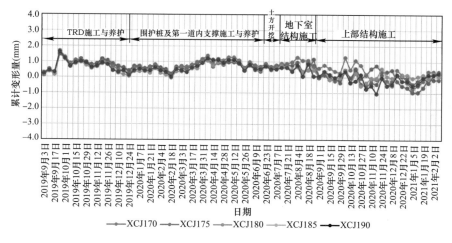

图 7.1-11　下行线隧道竖向位移累计变形量随时间变化曲线图

（2）上、下行线隧道水平位移累计变形量随时间变化曲线图如图 7.1-12、图 7.1-13 所示。

（3）上、下行线隧道水平相对收敛累计变形量随时间变化曲线图如图 7.1-14、图 7.1-15 所示。

3. 隧道结构状态调查对比

病害调查结果：

经与工前、中期及工后地铁隧道调查及监测成果进行对比，隧道管片缺陷对比如表 7.1-6 所示。

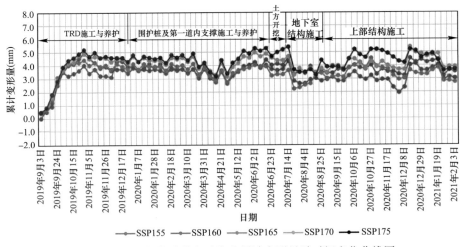

图 7.1-12 下行线隧道水平位移累计变形量随时间变化曲线图

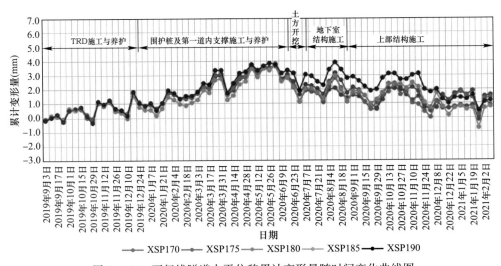

图 7.1-13 下行线隧道水平位移累计变形量随时间变化曲线图

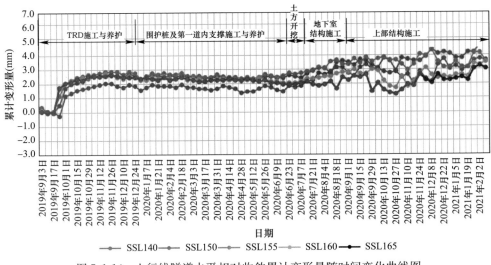

图 7.1-14 上行线隧道水平相对收敛累计变形量随时间变化曲线图

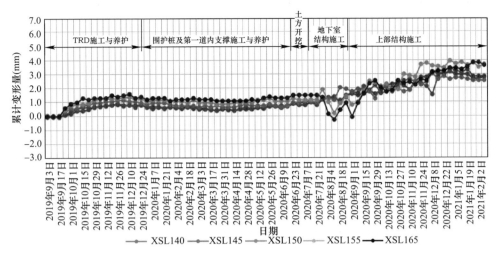

图 7.1-15　下行线隧道水平相对收敛累计变形量随时间变化曲线图

隧道管片缺陷对比　　　　　　　　表 7.1-6

调查日期	病害					
	上行线隧道病害数量（处）			下行线隧道病害数量（处）		
	渗、漏水	裂缝	缺损	渗、漏水	裂缝	缺损
2019 年 5 月 2 日	8	16	1	19	8	11
2019 年 10 月 19 日	12	20	1	12	11	12
2020 年 5 月 11 日	10	25	1	18	43	12
2021 年 6 月 5 日	11	220	1	3	97	12

4. 基坑复核监测结果

本工程基坑复核形成的深层土体水平位移典型曲线图如图 7.1-16 所示。

7.1.8　结论

（1）从隧道竖向位移的角度而言，自 TRD 水泥土搅拌墙开始施工以来，上、下行线隧道产生了不同程度的竖向位移，均表现为向上隆起，随着施工的推进，竖向位移变形量增速逐渐变小。截至 2021 年 2 月 3 日，上、下行线隧道竖向位移最大值分别为 2.1mm 和 -1.2mm。

（2）隧道水平位移在 TRD 水泥土搅拌墙施工阶段表现较明显，之后随着施工的推进，变形量逐渐回落，截至 2021 年 2 月 3 日（最后一次自动化监测），上行线道床水平位移最大值 4.8mm，下行线道床水平位移最大值 3.6mm。

（3）从道床差异沉降角度来看，上、下行线隧道道床差异沉降表现不明显，除极个别监测点外，上、下行线道床差异沉降变化均很小。

（4）从隧道水平相对收敛的角度而言，自围护桩开始施工以来，上、下行线隧道水平直径产生了一定变形，水平直径有一定的增大，变形量主要是随着基坑开挖而缓慢积累而成。截至 2021 年 2 月 3 日，上行线隧道水平相对收敛最大值为 4.7mm，下行线隧道水平相对收敛最大值为 3.7mm。

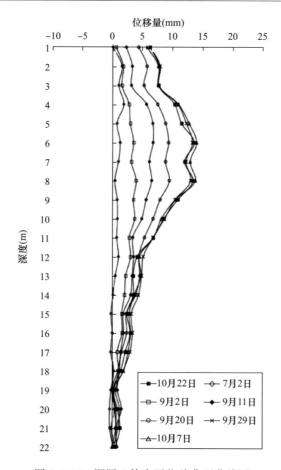

图 7.1-16　深层土体水平位移典型曲线图

（5）监测期间，隧道水平位移超过预评估控制值报警、隧道水平相对收敛超过预评估报警值报警，但各测项最终均在过程评估控制值以内。

（6）地下室回填后近 5 个月监测数据显示：隧道竖向位移最大平均日变量为 0.017mm/d，隧道水平相对收敛为 0.023mm/d，隧道结构已基本趋于稳定。

（7）隧道状态调查成果显示，隧道病害有一定变化。

（8）基坑复核监测成果显示，围护结构及基坑周边土体等变形量均较小，围护结构及基坑自身均相对较稳定。

7.2　案例 2（上方基坑工程）

7.2.1　项目概述及监测周期

某区间隧道平面呈 71°从河道下方穿过，地铁上、下行线盾构隧道外缘距离为 18.2m，坑底与隧道结构顶面的最小距离仅 3.0m。设计河道宽 30m，核心区区域（K4+890～K4+936）长 46m，宽 47.27m，该范围内采用 $\phi850@600$ 三轴水泥搅拌桩进行土体加固及截水帷幕。

前期施工现场为现状堆土，且位于基坑正上方，堆土顶平均高度约 10.0m，卸土平均高度约 4m。河道底板底高程为 -0.35m（河底标高 +0.500m，河道底板厚 750mm，素混凝土垫层 100mm），基坑挖深约为 6.35m，基坑卸载约为地铁上方覆土荷载的 3 倍。

工程相关信息如图 7.2-1～图 7.2-3 所示。

本工程监测总工期以业主委托要求的监测开工日期为起点，至基坑施工至 ±0.000 后 100d 或施工影响区域内的受影响地铁隧道沉降变形稳定为止。

沉降变形稳定标准：参照《建筑变形测量规范》JGJ 8—2016 相关内容确定，即"当最后 100d 的沉降速率小于 0.04mm/d 时可认为已经进入稳定阶段"。

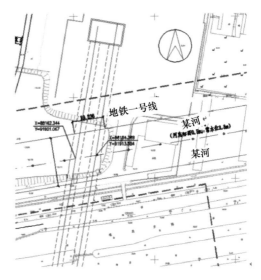

图 7.2-1 某河与地铁 1 号线相对位置平面图

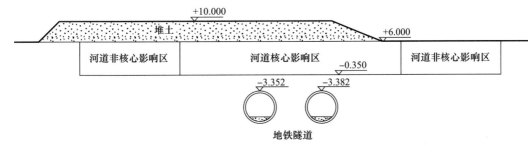

图 7.2-2 某河基坑与地铁 1 号线相对位置剖面图

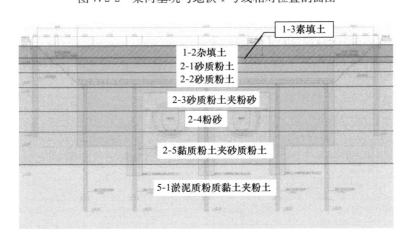

图 7.2-3 工程地质图

7.2.2 监测项设置

鉴于目前地铁隧道已经开始进行运营行车，因此，针对既有地铁隧道将开展自动化监测和人工监测相结合的监测工作，既有地铁隧道的监测项目、仪器及精度如表 7.2-1 所示。

既有地铁隧道的监测项目、仪器及精度 表 7.2-1

序号	监测对象	监测项目	监测仪器	监测精度
1	1号线隧道（自动化监测）	水平位移监测	全站仪	测角精度：±0.5″ 测距精度：±(0.6mm+1ppm×D)
		竖向位移监测		
		净空收敛监测		
		差异沉降监测		
2	1号线隧道（人工监测）	净空收敛监测	激光测距仪	精度±1.5mm
		道床沉降监测	水准仪	精度0.3mm/km

注：D 为测距边长（单位：km）。

既有地铁隧道的巡查内容如表 7.2-2 所示，各项数据见表 7.2-3～表 7.2-8。

既有地铁隧道的巡查内容 表 7.2-2

序号	巡查对象	巡查对象及内容
1	1号线隧道	管片破损裂缝情况；管片错台情况及其趋势；渗漏水情况
2	1号线隧道	基准点、监测点完好状况；监测工作条件；监测仪器元件完好情况
3	1号线隧道	监测点布设前同施工单位、监理单位、运营管理单位等相关部门共同对地铁1号线进行初始状态调查

上方基坑的监测项目、仪器及精度 表 7.2-3

序号	监测对象	监测项目	监测仪器	监测精度
1	隧道上方土体	沉降监测	水准仪	0.3mm/km
		深层土体水平位移监测	测斜仪	0.1mm
		桩顶水平位移监测	全站仪	测角精度：0.5″；测距精度：±(0.6mm+1ppm×D)
		坑外水位监测	水位计	1mm

注：D 为测距边长（单位：km）。

基坑监测频率表 表 7.2-4

基坑类别	施工进程		基坑设计深度			
			≤5	5～10	10～15	>15
一级	开挖深度（m）	≤5	1次/1d	1次/2d	1次/2d	1次/2d
		5～10	—	1次/1d	1次/1d	1次/1d
		>10	—	—	2次/1d	2次/1d
	底板浇筑后时间（d）	≤7	1次/1d	1次/1d	2次/1d	2次/1d
		7～14	1次/3d	1次/2d	1次/1d	1次/1d
		14～28	1次/5d	1次/3d	1次/2d	1次/1d
		>28	1次/7d	1次/5d	1次/3d	1次/3d

注：下雨期间，需加密监测频率。

7 典型监测案例分析

地铁隧道监测频率 表 7.2-5

施工进程	监测频率	提交地铁保护监测日报表频率	注：当监测数据接近城市轨道交通结构安全控制指标值的预警值时，应提高监测频率；当发现城市轨道交通结构有异常情况或外部作业有危险事故征兆时，应采用不间断实时监测
桩基施工至±0.000结构完成期间	1次/4h	1次/1d	

地铁监测项目控制值 表 7.2-6

监测项目	累计值	速率
管片拱顶沉降自动化监测	10mm	1mm/d
管片水平位移自动化监测	5mm	1mm/d
管片收敛自动化监测	10mm	1mm/d
道床沉降自动化监测	10mm	1mm/d
两轨高差自动化监测	10mm	1mm/d
道床沉降人工监测	10mm	1mm/d
隧道收敛人工监测	10mm	1mm/d

核心区基坑监测控制值 表 7.2-7

监测项目	累计值	速率
深层土体水平位移监测	南北侧 10mm；东西侧 25mm	南北侧 1mm/d 东西侧 3mm/d
水位监测	—	南北侧 400mm/d 东西侧 500mm/d
地表沉降监测	25mm	3mm/d

非核心区基坑监测控制值 表 7.2-8

监测项目	累计值	速率
深层土体水平位移监测	北侧 60mm 南侧 50mm	北侧连续 3d 超过 5mm/d 南侧连续 3d 超过 5mm/d
水位监测	—	500mm/d
地表沉降监测	35mm	连续 3d 超过 5mm/d
坡顶沉降及水平位移监测	水平 25mm；沉降 35mm	连续 3d 超过 5mm/d

7.2.3 监测点布设情况

地铁隧道自动化监测点安装在隧道顶、道床和侧壁上，核心区域内每 2 环一个监测断面，核心区域以外 50m 范围每 5 环一个监测断面。

人工监测断面按照核心区每 4 环一个监测断面，外扩 50m 范围内每 10 环一个监测断面，地铁监测点布设平面图如图 7.2-4 所示。

7.2.4 预报警及突发事件应急处理

（1）2016 年 4 月 29 日，下行道床沉降监测点 XDCCJ41(10)~XDCCJ67(23)及下行线管片沉降 XCJ39(9)~XCJ67(23)共 29 点日变化速率≥2mm/d，速率变化异常，予以报警。

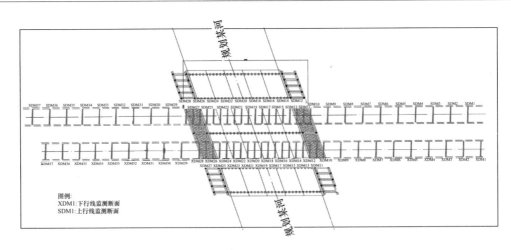

图 7.2-4 地铁监测点布设平面图

报警后,按监测方案及会议精神对核心区进行加密监测,并与项目部及地铁公司形成联动小组,实时关注隧道变形情况。后连续 7d 范围内隧道沉降日平均变化速率稳定。

(2) 2016 年 11 月 21 日,下行线道床沉降累计变量报警;2016 年 11 月 22 日,下行线管片累计沉降报警。

(3) 截至 2017 年 07 月 31 日,下行线道床沉降 XDCCJ33(8)～XDCCJ70(25)和管片沉降 XCJ33(8)～XCJ72(26)共 37 点累计变量超出报警值。

7.2.5 项目监测历程

1. 项目施工历程

基坑主要施工工况如表 7.2-9 所示。

基坑主要施工工况　　　　　　表 7.2-9

日期	施工概况
2016 年 04 月 26 日～2016 年 04 月 29 日	场地整平至标高+8.000m（下行线上方土方部分清运到上行线上方后,场地整平）
2016 年 04 月 30 日～2016 年 05 月 10 日	两次三轴试桩
2016 年 05 月 11 日～2016 年 07 月 20 日	三轴及钻孔桩施工完成,控制性卸土
2016 年 07 月 21 日～2016 年 09 月 08 日	G20 停工
2016 年 09 月 09 日～2016 年 09 月 13 日	场地整平至标高+6.000m
2016 年 09 月 14 日～2016 年 11 月 10 日	1～5 区块分块开挖至底板完成,放置重块
2016 年 11 月 11 日～2016 年 12 月 13 日	6～12 区块分块开挖至底板完成,放置重块
2016 年 12 月 20 日～2016 年 12 月 24 日	1～5 区块全部卸载完成
2016 年 12 月 25 日～2017 年 01 月 14 日	6～12 区块全部卸载完成,河道注水至标高+2.5m
2017 年 01 月 15 日～2017 年 03 月 28 日	春节停工,抽水清理河床底后注水
2017 年 03 月 28 日～2017 年 07 月 31 日	工后

2. 隧道内保护区巡查记录情况概述

病害点变化统计（2016 年 03 月 25 日～2017 年 07 月 07 日）如表 7.2-10 所示。

病害点变化统计（2016年03月25日～2017年07月07日）　　表 7.2-10

位置	渗水点（新增/加重）	渗水点（消失/减轻）	滴漏点（消失）	破损点（新增）	裂缝点（新增）
上行线	13 处	2 处	1 处	1 处（人为处理）	0 处
下行线	3 处	2 处	0 处	0 处	12 处

说明：1. 下行线新增裂缝无法人工测量；
2. 本次调查均面向大里程描述病害点位置；
3. 新增病害点总数以 2016 年 03 月 25 日初始报告作为对比依据。

7.2.6 项目监测数据分析

（1）保护区内沉降数据汇总分析如图 7.2-5、图 7.2-6 所示。

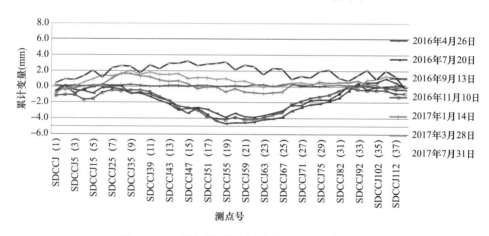

图 7.2-5　不同时间节点累计道床沉降分布曲线图

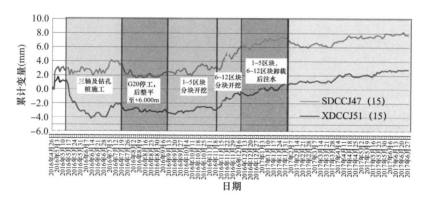

图 7.2-6　典型断面道床沉降累计变量时程曲线图

截至 2017 年 07 月 31 日隧道道床沉降整体分析：

1）土方清运期间，隧道整体表现为上浮，且下行线核心区变化速率较快，速率≥2mm/d。

2）三轴及钻孔桩施工阶段，隧道整体表现为下沉。通过对核心区半小时一次加密监测，分析认为：隧道两边三轴施工时，隧道总体先上浮后下沉，正上方三轴施工时，隧道表现为下沉。

3) 挖核心区 1~12 区块土方及卸配重过程中，隧道核心区表现为上浮。

4) 工后，隧道略微上浮，但速率较小且平稳。

(2) 保护区内水平位移数据汇总分析如图 7.2-7、图 7.2-8 所示。

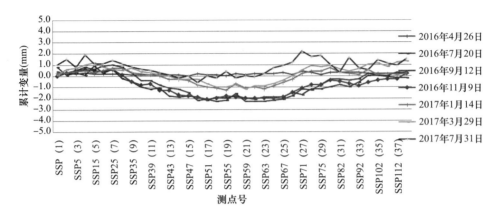

图 7.2-7　不同时间节点累计水平位移分布曲线图

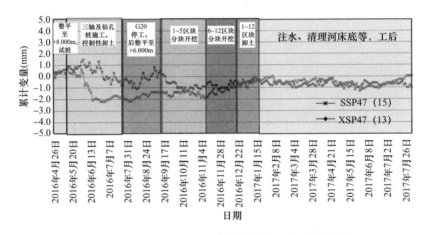

图 7.2-8　典型断面水平位移累计变量时程曲线图

截至 2017 年 7 月 31 日隧道水平位移整体分析：

1) 土方清运期间，隧道整体略向东偏移。

2) 三轴及钻孔桩施工阶段，隧道整体表现向东侧偏移，与东侧基坑挖土相关。

3) 挖核心区 1~12 区块土方及卸配重过程中，下行隧道向东侧偏移，上行隧道向西侧偏移（核心区块分东侧和西侧两次施工，隧道整体偏移方向不一致）。

4) 工后，隧道水平位移无明显变化。

(3) 保护区内隧道收敛数据汇总分析如图 7.2-9、图 7.2-10 所示。

截至 2017 年 7 月 31 日隧道水平收敛整体分析：

1) 土方清运期间，隧道整体缩径。

2) 三轴及钻孔桩施工阶段，隧道整体表现为扩径，与东侧基坑挖土相关。

3) 挖核心区 1~12 区块土方及卸配重过程中，隧道表现为缩径，在开挖 6~12 区块时缩径趋势尤为明显。

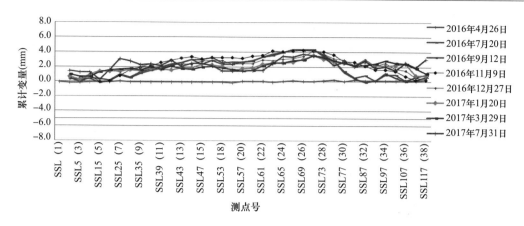

图 7.2-9 不同时间节点累计水平收敛分布曲线图

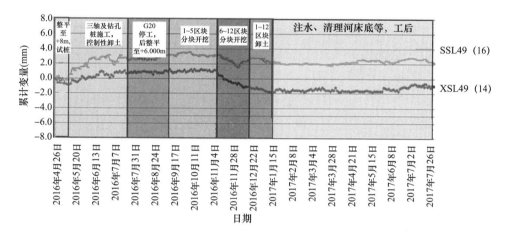

图 7.2-10 典型断面水平收敛累计变量时程曲线图

4）工后，隧道水平收敛无明显变化。

（4）基坑变形数据汇总分析。

载至 2017 年 2 月 26 日，隧道与基坑间土体各监测项目最大累计变量统计如表 7.2-11 所示，整个监测过程中各基坑监测项目均未报警。

隧道与基坑间土体各监测项目最大累计变量统计　　表 7.2-11

序号	监测项目	最大累计变量			备注	报警值(mm)
		位置	点号	变量（mm）		
1	坑底隆起	坑底土体	HDB9	+2.81	上浮（基坑开挖期间）	20
2	深层土体水平位移	坑外土体	HCX7	+5.72	向基坑−6m处	20
3	管线沉降监测	坑外管线	GX4	−4.62	下沉	—

7.2.7 结论

（1）土方清运期间，隧道整体表现为上浮，缩径，隧道向东偏移。

（2）三轴及钻孔桩施工阶段，隧道整体表现为下沉，扩径，且向东侧偏移，道床向东侧倾斜。通过对核心区半小时一次加密监测，分析可得：隧道两边三轴施工时，隧道总体先上浮后下沉，正上方三轴施工时，隧道表现为下沉。

（3）挖核心区 1~12 区块土方过程中，隧道核心区表现为上浮，非核心区域略有下沉；核心区隧道扩径、缩径，下行隧道向东侧偏移，上行线向西侧偏移（核心区块分东侧和西侧两次施工，隧道整体偏移方向不一致）。

（4）工后，隧道各监测项目变化较小且趋于稳定。

7.2.8 经验与教训

（1）压重：盾构隧道抗浮不满足要求时，钢锭压重等合理压重措施对控制隧道变形起到了良好的作用。

（2）围护结构：隧道两侧设置抗拔桩与河道底板连接，形成钢筋混凝土底板门架式框架结构，减少基坑卸土后的回弹量；根据试桩期间明显的数据变化，加固体与盾构隧道的水平和竖向净距应扩大。

（3）开挖：充分利用空间效应，分块分层、对称均衡开挖，先开挖两侧后开挖正上方；在开挖分块 1~5 区过程中，因开挖范围很小，对隧道变形的影响较小；在开挖分块 6~11 区过程中，隧道变形相对较大，部分工况最大变形量达 1mm，后续施工可考虑进一步减小分块范围，单坑卸荷比、沿轨道交通结构纵向长度应符合规范要求。

附录 A

监测日报模板

××××项目地铁保护监测日报分析

1. 工程概况

目前1号地块土方开挖支撑施工；2号地块土方开挖支撑施工；3号地块土方开挖、支撑梁施工；4号、5号地块首层土开挖。

2. 累计变化图

见图 A-1。

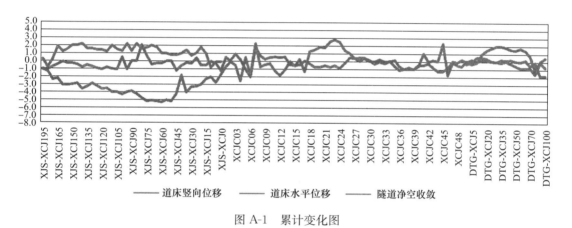

图 A-1 累计变化图

3. 累计变化矢量图

见图 A-2。

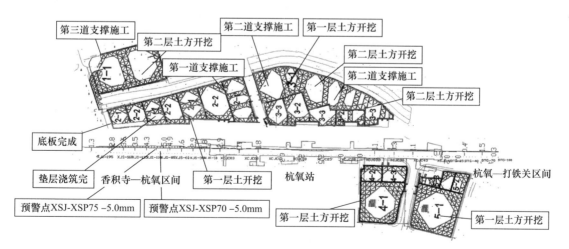

图 A-2 累计变化矢量图

4. ×××项目地铁保护监测沉降/水平位移/净空收敛等监测成果表

见表 A-1。

×××项目地铁保护监测沉降/水平位移/净空收敛等监测成果表　　表 A-1

报表编号：

建设单位						监测区域					
监理单位						监测单位					
监测范围											
仪器名称			仪器编号				是否报警		人工报警		
本次监测时间：			上次监测时间：			首次监测时间：					
监测点号	上次变化量(mm)	本次变化量(mm)	累计变化量(mm)	人工累计(mm)	里程(m)	监测点号	上次变化量(mm)	本次变化量(mm)	累计变化量(mm)	人工累计(mm)	里程(m)
上行线						下行线					
XJS-SCJ195						XJS-XCJ195					
最大值						最大值					
最小值						最小值					

上行线道床竖向位移沿里程变化曲线图

区间隧道里程　　◆ 本次变化量　　■ 累计变化量

上行线道床竖向位移沿里程变化曲线图

区间隧道里程　　◆ 本次变化量　　■ 累计变化量

5. 外部作业项目（基坑）巡视检查记录表

见表 A-2。

外部作业项目（基坑）巡视检查记录表　　　　　表 A-2

建设单位			报表编号	
监理单位			监测日期	
地铁保护监测单位				
分类	巡视检查内容		巡视检查结果	备注
自然条件	气温			
	天气			
	风级			
支护结构	支护结构成型质量			
	冠梁、支撑、围檩裂缝			
	支撑、立柱变形			
	截水帷幕开裂、渗漏			
	墙后土体沉陷、裂缝及滑移			
	基坑涌土、流沙、管涌			
施工工况	现场工况			
	土质情况			
	地表水、地下水状况			
	基坑降水、回灌设施运转情况			
	基坑周边地面堆载情况			
周边环境	地下管道破损、泄漏情况			
	周边地面裂缝、沉陷情况			
	邻近施工情况			
	基准点状况			
监测设施	监测元件、监测点完好情况			
	监测工作条件			
现场施工图				

附录 B

状态调查报告模板

轨道交通设施状态调查报告

1. 项目概况

××××项目由×××有限公司投资建设。本工程位于……

2. 调查目的

通过对地铁隧道的全面巡查,掌握地铁隧道的病害状况,为×××项目(涉地铁 3 号线)地铁保护监测提供技术资料。

3. 调查依据

现行国标/行业技术规范、地方规章管理制度、工程相关技术资料等。

4. 调查结果统计

见表 B-1。

调查结果统计　　　　　　　　　　　　　　表 B-1

	项目	状况	
		上行线	下行线
×××区间	管片渗水		
	错台		
	病害		
	水平直径		

5. 管片渗漏水

(1) 管片渗漏水调查方法

采用目视调查记录的方法进行,对连接件密封件不完整区域造成的渗漏水区域进行测量及统计,总结出渗漏水点分布的区域,并在环片平面展开图中绘制渗漏水点位位置图。调查方向为由小里程至大里程方向。

(2) 管片渗漏水调查情况统计

见表 B-2。

管片渗漏水调查情况统计　　　　　　　　　表 B-2

×××区间上行线						
序号	断面	位置	巡查情况	现场影像资料	发现时间	备注
1						
2						
……						

6. 管片错台

（1）管片错台测量方法

本次错台测量为每 5 环测量一组数据，测量的位置为逃生通道侧和水管侧，每环测量的位置均为 0 环和 1 环或者 5 环和 6 环，保证了测量的位置基本一致。为避免测量误差，每个错台量现场读数三次取平均值记录。

（2）管片错台统计

见表 B-3。

管片错台统计　　　　　　　　　　　　　　　　　　　　　　　　表 B-3

位置	错台测量情况		
上行线	错台测量断面数量	消防水管侧	疏散平台侧
下行线	错台测量断面数量	消防水管侧	疏散平台侧

（3）管片错台测量成果

见表 B-4。

管片错台测量成果　　　　　　　　　　　　　　　　　　　　　　表 B-4

上行线管片错台量		
序号	环号	消防水管侧错台量（mm）	疏散平台侧错台量（mm）
1			
2			
……			

7. 管片直径汇总

（1）管片直径计算方法

本次水平直径测量仪器为××型号扫描仪，隧道内进行断面扫描后通过基于最小二乘原理的椭圆拟合方法计算……

（2）管片直径扫描统计表

断面直径数据统计如表 B-5。

断面直径数据统计　　　　　　　　　　　　　　　　　　　　　　表 B-5

区间	测量范围	扫描断面数量（环）	和标准圆较差最大值（mm）
×××区间			

（3）管片直径扫描数据

见表 B-6。

（4）管片直径扫描成果图

上行线管片扫描直径与标准圆直径较差图见图 B-1。

8. 总结

本次调查结果汇总：渗漏水、病害、错台等的数量及最值；水平直径扫描的整体成果评价等。

管片直径扫描数据					表 B-6
×××区间上行线					
环号	水平直径（m）	与标准圆较差（mm）	环号	水平直径（m）	与标准圆较差（mm）

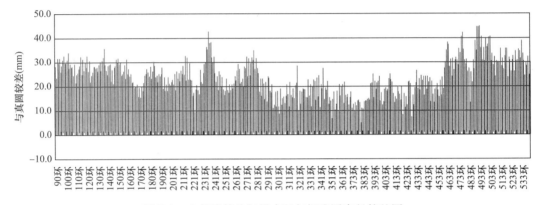

图 B-1　上行线管片扫描直径与标准圆直径较差图

附录 C

监测报警单格式

杭州地铁保护区×××监测项目监测报警单（表 C-1）。

杭州地铁保护区×××监测项目监测报警单　　　　　　　　　表 C-1

YYZL-S-AQ-W04-0007—2019·B1-05

监测单位：	
监测项目：	合同编号：
报警位置：	
问题描述：	
报警时间：	
报警类别：	监测（　）　　巡查（　）　　综合（　）
原因初步分析：	
建议意见：	

监测单位（章）：

年　月　日